Sen | Gleichheit? Welche Gleichheit?

[Was bedeutet das alles?]

Amartya Sen

Gleichheit?
Welche Gleichheit?

Aus dem Englischen übersetzt und
herausgegeben von Ute Kruse-Ebeling

Reclam

Sonderausgabe von Reclams Universal-Bibliothek Nr. 19614

2020 Philipp Reclam jun. Verlag GmbH,
Siemensstraße 32, 71254 Ditzingen
Umschlaggestaltung: Cornelia Feyll, Friedrich Forssman
Druck und Bindung: GGP Media GmbH,
Karl-Marx-Straße 24, 07381 Pößneck
Printed in Germany 2020
RECLAM ist eine eingetragene Marke
der Philipp Reclam jun. GmbH & Co. KG, Stuttgart
ISBN 978-3-15-011317-2

Auch als E-Book erhältlich

www.reclam.de

Inhalt

Gleichheit? Welche Gleichheit?[1]

Auf die Frage: »Welche Gleichheit?« [»equality of what?«] haben uns moralphilosophische Diskussionen eine breite Palette an Antworten geboten.* In dieser Vorlesung werde ich mich auf drei bestimmte Arten von Gleichheit konzentrieren, nämlich auf (i) die utilitaristische Gleichheit, (ii) die Gleichheit des Gesamtnutzens und (iii) die Rawls'sche Gleichheit. Ich werde zeigen, dass alle drei Ansätze jeweils ernsthafte Schwächen aufweisen und dass sich, obwohl sie auf recht unterschiedliche und gegensätzliche Weise scheitern, nicht einmal auf der *kombinierten* Grundlage der drei eine angemessene Theorie aufbauen lässt. Abschließend werde ich versuchen, eine alternative Formulierung für Gleichheit vorzustellen, die, wie mir scheint, deutlich mehr Beachtung verdient als sie bisher erhalten hat, und ich werde es mir nicht nehmen lassen, ein wenig Werbung für sie zu machen.

Zunächst eine methodologische Frage: Angenommen, jemand behauptet, dass ein bestimmtes moralisches Prinzip Schwächen aufweist: Was kann die Grundlage für eine solche Behauptung sein? Es dürfte mindestens zwei verschiedene Möglichkeiten geben, eine solche Kritik zu begründen, abgesehen von einem *direkten* Abgleich mit unseren moralischen In-

---

* Anmerkung: Für ihre hilfreichen Kommentare bin ich Derek Parfit, Jim Griffin und John Perry sehr dankbar.

tuitionen. Die eine Möglichkeit bestünde darin, die *Konsequenzen* des Prinzips zunächst anhand von Einzelfällen zu überprüfen, in denen die Folgen der Verwendung des Prinzips sehr deutlich werden, und dann diese Konsequenzen auf ihre Vereinbarkeit mit unseren Intuitionen zu prüfen. Ich werde eine solche Kritik eine *Fall-Konsequenzen-Kritik [case-implication critique]* nennen. Die andere Möglichkeit wäre, sich vom Allgemeinen nicht zum Besonderen, sondern vom Allgemeinen zum *noch* Allgemeineren zu bewegen. Man kann die Stimmigkeit bzw. Kohärenz des Prinzips anhand eines anderen Prinzips prüfen, das als grundlegender anerkannt wird. Solche vorrangigen Prinzipien werden in der Regel auf einer recht abstrakten Ebene formuliert und decken sich häufig mit irgendwelchen sehr allgemeinen Verfahren. Zum Beispiel damit, was man vernünftigerweise annehmen könnte, dass es unter dem *als-ob*-Nichtwissen des Rawls'schen »Urzustandes« gewählt worden wäre – einem hypothetischen Anfangszustand, in dem Menschen darüber entscheiden, welche Regeln sie beschließen wollen ohne zu wissen, wer sie sein werden – so als ob sie zu jeder beliebigen Person der Gemeinschaft werden könnten.* Oder damit, welche

---

* J. Rawls, A *Theory of Justice*, Cambridge: Harvard University Press, 1971, S. 17–22 [dt.: *Eine Theorie der Gerechtigkeit*, Frankfurt a. M. *1979*, S. 34–39]. Siehe auch W. Vickrey, »Measuring Marginal Utility by Reactions to Risk«, in: *Econometrica* 13 (1945), und J. C. Harsanyi, »Cardinal Welfare, Individualistic

Regeln Richard Hares Anforderung der »Universalisierbarkeit« erfüllen und entsprechend die »gleichen Interessen, die die Inhaber aller Rollen in der Situation haben, gleich gewichten«.* Ich werde eine Kritik, die auf einem solchen Ansatz basiert, eine *Vorrangiges-Prinzip-Kritik [prior-principle critique]* nennen. Beide Ansätze können bei der Beurteilung der moralischen Ansprüche jeder dieser Arten von Gleichheit verwendet werden und werden hier in der Tat auch Verwendung finden.

Ethics, and Interpersonal Comparisons of Utility«, in: *Journal of Political Economy* 63 (1955).
* R. M. Hare, *The Language of Morals,* Oxford: Clarendon Press, 1952 [dt.: *Die Sprache der Moral,* Frankfurt a. M. 1972]; »Ethical Theory and Utilitarianism«, in: H. D. Lewis (Hrsg.), *Contemporary British Philosophy,* London: Allen and Unwin, 1976, S. 116–117 [dt.: »Ethische Theorie und Utilitarismus«, in: Jörg Schroth (Hrsg.), *Texte zum Utilitarismus,* Stuttgart 2016, S. 178–207, hier S. 183].

1. Utilitaristische Gleichheit

Die utilitaristische Gleichheit ist jene Gleichheit, die sich aus dem utilitaristischen Konzept des Guten ableiten lässt, das auf Verteilungsprobleme angewandt wird. Der einfachste Fall ist vielleicht das »reine Verteilungsproblem«: Es besteht darin, einen gegebenen homogenen Kuchen unter einer Gruppe von Personen aufzuteilen.* Jede Person erhält mehr Nutzen, je größer ihr Anteil am Kuchen ist, und sie erhält *nur* aus ihrem Anteil des Kuchens einen Nutzen; ihr Nutzen erhöht sich mit abnehmender Tendenz, je größer ihr Anteil wird. Das utilitaristische Ziel besteht in der Maximierung der Gesamtsumme an Nutzen ohne

---

* Ich habe dieses Format für eine axiomatische Gegenüberstellung der Rawls'schen und utilitaristischen Kriterien zu verwenden versucht, vgl. dazu »Rawls versus Bentham: An Axiomatic Examination of the Pure Distribution Problem«, in: *Theory and Decision* 4 (1974) [S. 301–309]; wieder abgedruckt in: N. Daniels (Hrsg.), *Reading Rawls*, Oxford: Blackwell, 1975 [S. 283–292; dt.: »Rawls vs. Bentham: Eine axiomatische Untersuchung des reinen Verteilungsproblems«, in: Otfried Höffe (Hrsg.), *Über John Rawls' Theorie der Gerechtigkeit*, Frankfurt a. M. 1977, S. 283–295]. Siehe auch L. Kern, »Comparative Distributive Ethics: An Extension of Sen's Examination of the Pure Distribution Problem«, in: H. W. Gottinger / W. Leinfellner (Hrsg.), *Decision Theory and Social Ethics*, Dordrecht: Reidel, 1978 [S. 187–200] und J. P. Griffin, »Equality: On Sen's Equity Axiom«, Oxford: Keble College, 1978 [wieder abgedr. in: *Mind* 358 (1981) S. 280–286; vervielfältigt].

Rücksicht auf die Verteilung, doch das erfordert die *Gleichheit* des *Grenz*nutzens aller – wobei der Grenznutzen der Nutzenzuwachs ist, den jede Person aus einem weiteren Kuchenstück erhalten würde.* Gemäß einer Interpretation verkörpert diese Gleichheit des Grenznutzens die Gleichbehandlung der Interessen aller Personen.**

Ein wenig komplizierter stellt sich die Position dar, wenn die Gesamtgröße des Kuchens nicht unabhängig von seiner Verteilung ist. Doch selbst dann erfordert die Maximierung der Gesamtnutzensumme, dass Transfers bis zu dem Punkt vorgenommen werden, an dem der Grenznutzengewinn der Gewinner dem Grenznutzenverlust der Verlierer gleichkommt, und zwar nach Berücksichtigung der Auswirkung des Transfers auf die Größe und Verteilung des Kuchens.*** In diesem größeren Rahmen tritt die

---

* Die Gleichheitsbedingung müsste durch eine entsprechende Kombination von Ungleichheitsanforderungen ersetzt werden, wenn die entsprechenden »Stetigkeits«-Eigenschaften nicht gelten. Tiefergreifende Schwierigkeiten ergeben sich durch »Nicht-Konvexitäten« (z. B. zunehmender Grenznutzen).

** J. Harsanyi, »Can the Maximin Principle Serve as a Basis for Morality? A Critique of John Rawls's Theory«, in: *American Political Science Review* 69 (1975) [S. 594–606].

*** Wie bereits in Anm.* auf dieser Seite erwähnt, müssten die Gleichheitsbedingungen bei fehlender Stetigkeit des entsprechenden Typs verändert werden. Transfers müssen bis zu dem Punkt vorgenommen werden, an dem der

besondere Art der Gleichheit, auf die der Utilitarismus beharrt, nachdrücklich zutage. Richard Hare hat behauptet, »die gleiche Gewichtung der gleichen Interessen aller Parteien« führe »zum Utilitarismus« – und würde somit die Anforderung des vorrangigen Prinzips der Universalisierbarkeit erfüllen.* In ähnlicher Weise macht John Harsanyi kurzen Prozess mit den Nicht-Utilitaristen (einschließlich des hier Vortragenden, wie ich hinzufügen möchte), indem er für den Utilitarismus eine alleinige Fähigkeit beansprucht, »eine unfaire Ungleichbehandlung« zwischen »den gleichermaßen dringenden menschlichen Bedürfnissen einer Person und einer anderen Person«** zu vermeiden.

Die moralische Bedeutung bzw. Wichtigkeit von Bedürfnissen basiert nach dieser Interpretation ausschließlich auf dem Begriff des Nutzens. Das kann man infrage stellen, und da ich dies in der Vergangenheit wiederholt getan habe,*** werde ich mich

Grenznutzengewinn der Gewinner aus jedem weiteren Transfer *nicht größer* ist *als* der Grenznutzenverlust der Verlierer.

* Hare (1976), S. 116 f. [dt.: »Ethische Theorie und Utilitarismus«, in: Jörg Schroth (Hrsg.), *Texte zum Utilitarismus*, Stuttgart 2016, S. 178–207, hier S. 183].

** John Harsanyi, »Non-linear Social Welfare Functions: A Rejoinder to Professor Sen«, in: R. E. Butts / J. Hintikka (Hrsg.): *Foundational Problems in the Special Sciences*, Dordrecht: Reidel, 1977, [S. 293–296] S. 294 f.

*** *Collective Choice and Social Welfare*, San Francisco: Holden-

nicht scheuen, es auch in diesem besonderen Zusammenhang zu tun. Doch bevor ich auf dieses Thema zu sprechen kommen werde, möchte ich zunächst das Wesen der utilitaristischen Gleichheit untersuchen, ohne – fürs Erste – infrage zu stellen, dass die moralische Bedeutung vollständig auf den Nutzen gegründet wird. Selbst wenn der Nutzen die einzige Grundlage der Bedeutung darstellt, bleibt immer noch die Frage, ob die Größe des *Grenz*nutzens, ungeachtet des *Gesamt*nutzens, den die Person genießt, ein angemessenes Maß für die moralische Bedeutung ist. Natürlich ist es möglich, eine Metrik in Bezug auf Nutzenmerkmale so zu definieren, dass die Nutzenskala jeder Person so mit der jeder anderen koordiniert wird, dass die gleiche gesellschaftliche Bedeutung einfach als gleicher Grenznutzen »skaliert« wird. Wenn davon ausgegangen wird, dass interpersonelle Nutzenvergleiche, d. h. Nutzenvergleiche zwischen Personen, keinen deskriptiven Gehalt haben, dann kann dies in der Tat als ein natürlicher Ansatz betrachtet werden. Unabhängig davon, wie man zu den relativen gesellschaftlichen Bedeutungen gelangt, würden dann die Grenznutzen, die

Day, 1970, Kap. 6 und Abschn. 11.4; »On Weights and Measures: Informational Constraints in Social Welfare Analysis«, in: *Econometrica* 45 (1977) [S. 1539–1572]. Siehe auch T. M. Scanlons Argumente gegen die Gleichsetzung von Nutzen mit ›Dringlichkeit‹ in seinem Aufsatz »Preference and Urgency«, in: *Journal of Philosophy* 72 (1975) [S. 655–669].

jeder Person zugeschrieben werden, einfach diese Werte widerspiegeln. Dies kann explizit durch eine entsprechende interpersonelle Skalierung* oder implizit dadurch erreicht werden, dass die Nummerierung der Nutzen Entscheidungen in Situationen der *als-ob*-Ungewissheit widerspiegelt, die mit dem »Urzustand« verbunden sind, unter der zusätzlichen Annahme, dass Nichtwissen als gleiche Wahrscheinlichkeit, irgendeine der möglichen Personen zu sein, interpretiert wird.** Es ist hier nicht der Ort, um auf die technischen Details dieser Art von Übung einzugehen, doch im Wesentlichen besteht sie darin, ein Skalierungsverfahren so zu verwenden, dass die Messungen der Grenznutzen automatisch als Indikatoren für die gesellschaftliche Bedeutung bestimmt werden.

Dieser Weg zum Utilitarismus mag auf wenig Widerstand stoßen, doch er ist hauptsächlich deshalb nicht umstritten, weil er so wenig aussagt. Problematisch wird es jedoch, sobald davon ausgegangen wird,

---

* Zu zwei raffinierten Beispielen für eine solche Übung siehe Peter Hammond, »Dual Interpersonal Comparisons of Utility and the Welfare Economics of Income Distribution«, in: *Journal of Public Economics* 6 (1977) S. 51–57; und Menahem Yaari, »Rawls Edgeworth, Shapley and Nash: Theories of Distributive Justice Re-examined«, in: *Research Memorandum* 33, Hebrew University Jerusalem: Center for Research in Mathematical Economics and Game Theory, 1978.

** Siehe Harsanyi (1955, 1975, 1977).

dass Nutzen und interpersonelle Vergleiche dieser verschiedenen Nutzen irgendeinen unabhängigen deskriptiven Gehalt haben, wie dies Utilitaristen traditionell behauptet haben. Es könnten dann Konflikte zwischen diesen deskriptiven Nutzen und den entsprechend skalierten, im Wesentlichen normativen Nutzen auftreten, in Bezug auf die man »gezwungen« ist, Utilitarist zu sein. Im Folgenden werde ich mich nicht mehr weiter zum Utilitarismus mittels entsprechender interpersoneller Skalierung äußern und stattdessen wieder zur Untersuchung der traditionellen utilitaristischen Position zurückkehren, die davon ausgeht, dass Nutzen einen interpersonell vergleichbaren deskriptiven Gehalt hat. Die Frage, wie sich die moralische Bedeutung auf diese deskriptiven Merkmale beziehen sollte, muss dann ausdrücklich gestellt werden.

Die Position kann sowohl aus der Perspektive des vorrangigen Prinzips als auch aus dem Blickwinkel der Fall-Konsequenzen untersucht werden. John Rawls verwendete in seiner Kritik, die er der Darstellung seiner eigenen alternativen Gerechtigkeitskonzeption voranstellte, überwiegend das vorrangige Prinzip. Dabei ging es hauptsächlich um die Akzeptierbarkeit im »Urzustand« und folgte der Argumentation, dass sich Menschen in der angenommenen Situation des *als-ob*-Nichtwissens nicht dafür entscheiden würden, die Nutzensumme zu maximieren. Doch Rawls erörterte auch die Gewalt, die der Utilitarismus unseren Begriffen von Freiheit und Gleichheit antut. In Erwiderung auf Rawls' Argumente haben einige die Notwendigkeit, Utilitarist zu sein, noch einmal bekräftigt, indem sie den zuvor diskutierten »Skalierungs«-Pfad einschlugen, der – meiner Ansicht nach – nicht dazu geeignet ist, um Rawls' Kritik zu begegnen. Doch ich muss gestehen, dass ich der Verlockung des »Urzustandes« ausgesprochen gut widerstehen kann, da mir sehr unklar zu sein scheint, was genau in einer solchen Situation gewählt würde. Es ist außerdem alles andere als offensichtlich, dass eine prudentielle Wahl[2] unter *als-ob*-Ungewissheit eine angemessene Grundlage für moralische Urteile in *Nicht*-Urzuständen, d. h. in realen Zuständen bzw. Lebenslagen liefert.* Ich glaube jedoch, dass Rawls' direktere Kritiken in Bezug auf Freiheit und Gleichheit sehr stark bleiben.

Sofern man sich mit der *Verteilung* von Nutzen befasst, folgt unmittelbar, dass der Utilitarismus einem im Allgemeinen wenig Unterstützung bieten würde. Selbst die winzigste Vergrößerung der Gesamtnutzen*summe* würde aus dieser Sicht eklatanteste Ungleichheiten in der Verteilung überwiegen. Dieses Problem wäre unter bestimmten Annahmen vermeidbar, insbesondere in dem Fall, in dem jeder *dieselbe* Nutzenfunktion aufweist. Im reinen Vertei-

---

* Siehe dazu Thomas Nagel, »Rawls on Justice«, in: *Philosophical Review* 82 (1973) [S. 220–234] und »Equality« in seinen *Mortal Questions*, Cambridge: Cambridge University Press, 1979 [S. 106–127].

lungsproblem würde das utilitaristische Beste mit dieser Annahme die absolute Gleichheit der Gesamtnutzen aller Personen erfordern.* Dies liegt daran, dass bei einer Gleichsetzung der Grenznutzen auch die Gesamtnutzen gleichgesetzt würden, wenn jeder dieselbe Nutzenfunktion hat. Das wäre jedoch Egalitarismus durch einen glücklichen Zufall: mithin nur das zufällige Ergebnis des Grenzschwanzes, der mit dem Gesamthund wackelt.[3] Wichtiger noch ist, dass die Annahme sehr häufig verletzt werden würde, da es offensichtliche und ausführlich diskutierte Unterschiede zwischen Menschen gibt. John mag leicht zufriedenzustellen sein, Jeremy hingegen nicht. Wenn man es als ein akzeptables vorrangiges Prinzip erachtet, dass die Gleichheit der Verteilung der Gesamtnutzen einen gewissen Wert hat, dann muss die utilitaristische Konzeption der Gleichheit – so marginal wie sie ist – verurteilt werden.

Die Anerkennung der grundlegenden Vielfalt der Menschen hat in der Tat sehr tiefgreifende Konsequenzen, und sie betrifft nicht nur die utilitaristische Konzeption des gesellschaftlichen Wohls, sondern auch andere Konzeptionen, unter anderem sogar (wie

---

* Das Problem ist sehr viel komplexer, wenn der Gesamtkuchen [bzw. dessen Größe] nicht festgelegt ist und die Maximierung der Nutzensumme nicht zu einer Gleichheit der Gesamtnutzen führen muss, es sei denn, man macht einige zusätzliche Annahmen, z. B. das Fehlen von Anreiz-Argumenten für Ungleichheit.

ich gleich noch darlegen werde) die Rawls'sche Konzeption der Gleichheit. Wenn Menschen identisch sind, so vereinfacht sich die Anwendung des vorrangigen Prinzips der Universalisierbarkeit in Form der »gleichen Gewichtung der gleichen Interessen aller Parteien« enorm. Die gleichen Grenznutzen aller Personen – als eine der Interpretationen der Gleichbehandlung von Bedürfnissen – fallen dann zusammen mit den gleichen Gesamtnutzen – als eine der Interpretationen der gleich guten Förderung ihrer Gesamtinteressen. Herrscht hingegen Vielfalt, können die zwei in entgegengesetzte Richtungen streben, und es ist alles andere als klar, dass die »gleiche Gewichtung der gleichen Interessen aller Parteien« von uns verlangen würde, uns nur auf einen der zwei Parameter zu konzentrieren – ohne dem anderen Beachtung zu schenken.

Man kann auch die Fall-Konsequenzen-Perspektive heranziehen, um eine ähnliche Kritik zu entwickeln, und ich habe andernorts versucht, eine solche Kritik vorzulegen.* Wenn zum Beispiel Person A als Invalide halb so viel Nutzen aus irgendeinem gegebenen Einkommensniveau zieht wie das Vergnügungsgenie [the pleasure-wizard] Person B, dann würde der Utilitarist im reinen Verteilungsproblem zwischen A und B letztendlich dem Vergnügungsgenie B mehr Einkommen geben als dem Invaliden A.

---

* *On Economic Inequality*, Oxford: Clarendon Press, 1973, S. 16–20.

Der Invalide wäre dann in doppelter Hinsicht schlechter gestellt, und zwar aus dem Grunde, weil er zum einen weniger Nutzen aus demselben Einkommensniveau zieht *und* weil er zum anderen auch noch weniger Einkommen erhält. Aufgrund seines ausschließlich auf die Maximierung der Nutzensumme gerichteten Interesses muss der Utilitarismus zu diesen Konsequenzen führen. Die überlegene Effizienz des Vergnügungsgenies bei der Hervorbringung von Nutzen würde dem weniger effizienten Invaliden Einkommen entziehen.

Da dieses Beispiel bereits in gewissem Umfang diskutiert wurde,[*] sollte ich vielleicht erklären, was genau behauptet wird und was nicht. Erstens wird *nicht* behauptet, dass jemand mit einem geringeren Gesamtnutzen (z. B. der Invalide) auf irgendeinem gegebenen Einkommensniveau notwendigerweise auch einen geringeren Grenznutzen aufweisen muss. Dies muss für einige Einkommensniveaus gelten, jedoch nicht unbedingt für alle. In der Tat könnte das Gegenteil der Fall sein, wenn die Einkommen gleich verteilt werden. Dann würde natürlich selbst der Utilitarismus dem Invaliden mehr Einkommen als dem Nicht-Invaliden zugestehen, weil der Invalide an diesem Punkt der effizientere

***

[*] Siehe John Harsanyi, »Nonlinear Social Welfare Functions«, in: *Theory and Decision* 6 (1975), [S. 311–332] S. 311 f.; Harsanyi 1977; Kern 1978; Griffin 1978; Richard B. Brandt, *A Theory of the Good and the Right*, Oxford: Clarendon Press, 1979, Kap. 16.

Nutzenproduzent wäre. Meiner Ansicht nach gibt es aber keine Garantie dafür, dass dies auch tatsächlich der Fall sein wird. Mehr noch: Wenn der Invalide tatsächlich nicht nur in Bezug auf den Gesamtnutzen schlechtergestellt wäre, sondern überall (oder auch nur an dem Punkt der gleichen Einkommensaufteilung) weniger effizient Einkommen in Nutzen umwandeln könnte, dann würde der Utilitarismus seinen Nachteil meines Erachtens noch dadurch verstärken, dass er ihm zusätzlich zur geringeren Effizienz, mit der er Nutzen aus dem Einkommen zieht, auch noch weniger Einkommen zugesteht. Es geht hier natürlich weder um Invalide im Allgemeinen noch um alle Menschen mit Nachteilen beim Gesamtnutzen, sondern betroffen sind Menschen – einschließlich Invalider – mit Nachteilen *sowohl* in Bezug auf den Gesamt- *als auch* den Grenznutzen an den relevanten Punkten.

Sehr wichtig ist in diesem Zusammenhang zweitens der deskriptive Gehalt des Nutzens. Würden die Nutzen skaliert, um die moralische Bedeutung widerzuspiegeln, so würde der Wunsch, dem Einkommen des Invaliden einen Vorrang einzuräumen, einfach darauf hinauslaufen, dem Einkommen des Invaliden einen höheren »Grenznutzen« zuzuschreiben; doch das wäre – wie wir bereits diskutiert haben – ein sehr spezieller Sinn von Nutzen, ganz ohne deskriptiven Gehalt. In Bezug auf deskriptive Merkmale wird in unserem Beispiel davon ausgegangen, dass man dem Invaliden mittels Einkommen helfen kann. Doch die Erhöhung seines Nutzens als Folge einer marginalen Einkommenserhöhung wäre – in Bezug auf die akzeptierten deskriptiven Kriterien – niedriger, als wenn man diese Einkommenseinheit dem Vergnügungsgenie zugestehen würde, sofern beide ursprünglich über das gleiche Einkommen verfügen.

Zu guter Letzt hängt das Problem für den Utilitarismus im Rahmen dieses Fall-Konsequenzen-Arguments nicht von einer impliziten Annahme ab, dass der sich aus dem Nachteil ergebende Anspruch auf mehr Einkommen den Anspruch, der sich aus einem hohen Grenznutzen ergibt, dominieren muss.* Ein System, das beiden Ansprüchen ein gewisses Gewicht beimisst, würde dennoch nicht der utilitaristischen Formel des gesellschaftlichen Wohls gerecht werden, die eine ausschließliche Beschäftigung mit letzterem Anspruch verlangt. Diese Enge macht die utilitaristische Gleichheitskonzeption zu einem so beschränkten Ansatz. Selbst wenn der Nutzen als alleinige Grundlage der moralischen Bedeutung akzeptiert wird, gelingt es dem Utilitarismus nicht, die Relevanz des Gesamtnutzens für die Anforderungen der

---

* Eine solche Annahme wird in meinem Schwachen Gerechtigkeitsaxiom [Weak Equity Axiom] getätigt, das ich in Sen 1973 vorgeschlagen habe, doch es stellt unnötig hohe Ansprüche an die Zurückweisung des Utilitarismus. Für eine aufschlussreiche Kritik am Schwachen Gerechtigkeitsaxiom in dieser anspruchsvollen Form siehe Griffin 1978.

Gleichheit zu erfassen. Die Vorrangiges-Prinzip-Kritiken können durch Fall-Konsequenzen-Kritiken ergänzt werden, die auf dieses mangelnde utilitaristische Interesse an Verteilungsfragen, außer auf der völlig marginalen Ebene, abheben.

2. Die Gleichheit des Gesamtnutzens

Der Welfarismus zeichnet sich durch die Ansicht aus, dass die Güte eines Zustandes vollständig anhand der Güte der Nutzen in diesem Zustand beurteilt werden kann.* Diese Auffassung ist insofern weniger anspruchsvoll als der Utilitarismus, als sie nicht – zusätzlich – verlangt, dass die Güte der Nutzen anhand ihrer Gesamtsumme beurteilt werden muss. Der Utilitarismus stellt in diesem Sinne einen Spezialfall des Welfarismus dar und liefert ein mögliches Beispiel für ihn. Ein anderes bekanntes Beispiel ist das Kriterium, nach dem die Güte eines Zustandes anhand des Nutzenniveaus der am schlechtesten gestellten Person in diesem Zustand beurteilt wird – ein Kriterium, das oft John Rawls zugeschrieben wird. (*Außer* von John Rawls selbst! Er verwendet Grundgüter statt Nutzen als Indikator für den Vorteil, wie wir gleich erörtern werden.) Man kann auch irgendeine andere Funktion der Nutzen – außer der Gesamtsumme oder dem Minimalelement – nehmen.

Die utilitaristische Gleichheit ist eine Art der welfaristischen Gleichheit. Es gibt weitere Arten, insbesondere die Gleichheit des Gesamtnutzens. Es ist verlockend, dies als eine gewisse Art von Pendant zum Utilitarismus aufzufassen, die den Fokus vom Grenznutzen hin zum Gesamtnutzen verschiebt. Diese

---

* Siehe Sen 1977 und auch meinen Aufsatz »Welfarism and Utilitarianism«, in: *Journal of Philosophy* 76 (1979) [S. 463–489].

Entsprechung ist jedoch weniger eng als dies auf den ersten Blick erscheinen mag. Erstens besteht, obwohl wir Wirtschaftswissenschaftler oft dazu neigen, Grenznutzen und Gesamtsumme als zur selben Diskursebene gehörig zu behandeln, ein wichtiger Unterschied zwischen ihnen. Der Grenznutzen ist ein im Wesentlichen *kontrafaktischer* Begriff: Er bezeichnet den Nutzenzuwachs, der erzeugt *würde*, wenn die Person eine Einkommenseinheit mehr hätte. Er stellt dem Beobachteten das gegenüber, was vermeintlich beobachtet würde, wenn noch etwas anders, in diesem Fall, wenn das Einkommen eine Einheit größer gewesen wäre. Die Gesamtsumme ist jedoch kein inhärent kontrafaktisches Konzept; ob sie das ist oder nicht, würde von der Variablen abhängen, die aufsummiert wird. Im Falle von Nutzen wird, wenn sie als beobachtete Tatsachen betrachtet werden, der Gesamtnutzen nicht kontrafaktisch sein. Daher ist die Gleichheit des Gesamtnutzens eine Sache der direkten Beobachtung, während das für die utilitaristische Gleichheit nicht gilt, da letztere Hypothesen in Bezug darauf erfordert, was unter anderen angenommenen Umständen gewesen wäre. Der Gegensatz kann leicht auf die Tatsache zurückgeführt werden, dass die utilitaristische Gleichheit im Wesentlichen eine Folge der Summen*maximierung* ist, die ihrerseits selbst ein kontrafaktischer Begriff ist, während die Gleichheit des Gesamtnutzens eine Gleichheit irgendwelcher direkt beobachteter Größen darstellt.

Zweitens stellt der Utilitarismus eine vollständige

Rangordnung aller Nutzenverteilungen bereit – wobei die Rangfolge die Reihenfolge der Summen der individuellen Nutzen widerspiegelt –, die Gleichheit des Gesamtnutzens verweist jedoch so, wie sie bisher bestimmt wurde, lediglich auf den Fall der absoluten Gleichheit. Hat man es mit zwei Fällen von nicht-gleichen Verteilungen zu tun, bedarf es weiterer Angaben, damit sie in eine Rangfolge gebracht werden können. Die Rangfolge kann dabei auf viele unterschiedliche Arten vorgenommen werden.

Eine Möglichkeit, um zu einer solchen vollständigen Rangfolge zu gelangen, stellt die lexikografische Version der Maximin-Regel[4] bereit. Sie wird mit dem Rawls'schen Differenzprinzip in Verbindung gebracht, jedoch in Bezug auf Nutzen statt auf Grundgüter interpretiert. Dabei wird die Güte des Zustandes anhand des Nutzenniveaus der am schlechtesten gestellten Person in eben diesem Zustand beurteilt; doch wenn die jeweils am schlechtesten gestellten Personen in zwei Zuständen dasselbe Nutzenniveau aufweisen, dann werden die Zustände entsprechend der Nutzenniveaus der am zweitschlechtesten Gestellten geordnet. Sollten auch diese gleich sein, so würde nach den Nutzenniveaus der am drittschlechtesten Gestellten geordnet, und so weiter. Und entsprechen sich zwei Nutzenverteilungen auf jeder Rangstufe, von der am schlechtesten gestellten bis hin zur am besten gestellten Person, so sind die beiden Verteilungen gleich gut. Einer Konvention folgend, die sich in der Sozialwahltheorie *[social choice theory]* etabliert hat, werde ich dies als *Leximin* bezeichnen.

Wie führt die Gleichheit des Gesamtnutzens zu Leximin? Sie tut dies durch die Kombination mit einigen anderen Axiomen; und tatsächlich gleicht die Analyse stark den jüngsten axiomatischen Ableitungen des Differenzprinzips durch mehrere Autoren.* Man betrachte vier Nutzenniveaus *a, b, c, d* in absteigender Größenordnung. Es lässt sich zeigen, dass in einem offensichtlichen Sinn das Paar der Extrempunkte (*a, d*) eine größere Ungleichheit aufweist als das mittlere Paar (*b, c*). Man beachte, dass dies ein rein

---

* Siehe P. J. Hammond, »Equity, Arrow's Conditions and Rawls' Difference Principle«, in: *Econometrica* 44 (1976) [S. 793–804]; S. Strasnick, »Social Choice Theory and the Derivation of Rawls' Difference Principle«, in: *Journal of Philosophy* 73 (1976) [S. 85–99]; C. d'Aspremont / L. Gevers, »Equity and Informational Basis of Collective Choice«, in: *Review of Economic Studies* 44 (1977) [S. 199–209]; K. J. Arrow, »Extended Sympathy and the Possibility of Social Choice«, in: *American Economic Review* 67 (1977) [S. 217–225]; A. K. Sen, »On Weights and Measures: Informational Constraints in Social Welfare Analysis«, in: *Econometrica* 45 (1977) [S. 1539–1572]; R. Deschamps / L. Gevers, »Leximin and Utilitarian Rules: A Joint Characterization«, in: *Journal of Economic Theory* 17 (1978) [S. 143–163]; K. W. S. Roberts, »Possibility Theorems with Interpersonally Comparable Welfare Levels«, in: *Review of Economic Studies* 47 (1980) [S. 409–420]; P. J. Hammond, »Two Person Equity« [»Equity in Two Person Situations: Some Consequences«], in: *Econometrica* 47 (1979) [S. 1127–1135].

ordinaler Vergleich ist, der ausschließlich auf einer Rangfolge basiert und dass die exakten Größen von *a, b, c* und *d* keinen Unterschied für den betreffenden Vergleich machen. Würde man sich *ausschließlich* mit Gleichheit befassen, so könnte argumentiert werden, dass (*b, c*) superior bzw. überlegen – oder zumindest nicht-inferior bzw. nicht-unterlegen – gegenüber (*a, d*) ist. Diese Anforderung kann als eine starke Version der Präferenz der Gleichheit von Nutzenverteilungen betrachtet und als »Nutzengleichheits-Präferenz« bezeichnet werden. Es ist möglich, dies mit einem Axiom zu verknüpfen, das auf Patrick Suppes zurückgeht und das den Begriff der *Dominanz* einer Nutzenverteilung über eine andere erfasst, und zwar in dem Sinn, dass jedes Element der einen Verteilung mindestens so groß ist wie das entsprechende Element in der anderen Verteilung.* In dem Zwei-Personen-Fall erfordert dies, dass Zustand *x* dann als mindestens so gut wie *y* eingestuft werden muss, wenn *entweder* jede Person in Zustand *x* mindestens so viel Nutzen hat wie sie selbst in Zustand *y, oder* wenn jede Person in Zustand *x* mindestens so viel Nutzen hat wie die *andere* Person in Zustand *y. Sollte* zusätzlich mindestens eine von ihnen strikt mehr haben, so könnte man natürlich *x* für strikt besser erklären (und nicht nur für mindestens so gut). Kombiniert man dieses Suppes-Prinzip und die »Nutzengleichheits-Präferenz«, so

---

* P. Suppes, »Some Formal Models of Grading Principles«, in: *Synthese* 6 (1966) [S. 284–306].

werden wir in Richtung von Leximin gedrängt. Leximin kann in der Tat vollständig aus diesen beiden Prinzipien abgeleitet werden, indem man verlangt, dass der Ansatz eine vollständige Rangordnung aller möglichen Zustände bereitstellen muss, worin auch immer die interpersonell vergleichbaren individuellen Nutzen gerade bestehen mögen (Bedingung des »unbeschränkten Definitionsbereichs«), und dass die Rangfolge zweier Zustände von Nutzeninformationen abhängen muss, die nur *diese* Zustände betreffen (Bedingung der »Unabhängigkeit«).

Insofern die Bedingungen neben der Nutzengleichheits-Präferenz (d. h. Suppes-Prinzip, unbeschränkter Definitionsbereich und Unabhängigkeit) als akzeptabel betrachtet werden – und sie haben in der Literatur zur Sozialwahl in der Tat breite Anwendung gefunden –, kann Leximin als natürliche Begleiterscheinung einer Priorisierung der Gleichheitskonzeption, die sich auf den Gesamtnutzen konzentriert, verstanden werden.

Es dürfte jedoch offensichtlich sein, dass sich Leximin sowohl aus der Perspektive des vorrangigen Prinzips als auch aus der der Fall-Konsequenzen ziemlich leicht kritisieren lässt. So wie der Utilitarismus der Kraft des eigenen Anspruchs, der sich aus dem eigenen Nachteil ergibt, keine Beachtung schenkt, so ignoriert Leximin Ansprüche, die sich aus der *Intensität* der eigenen Bedürfnisse ergeben. Durch die Ordinalität[5], auf die bei der Darstellung des Axioms der Nutzengleichheits-Präferenz hingewiesen wurde, spielen die Größen potentieller Nutzengewinne und -verluste für den Ansatz keine Rolle. Obwohl ich in der zuvor dargestellten Kritik am Utilitarismus dagegen argumentiert habe, diese potentiellen Gewinne und Verluste als die einzige Grundlage für moralische Urteile zu betrachten, wurde damit natürlich *nicht* behauptet, dass diese überhaupt keine moralische Relevanz besitzen. Nehmen wir den zuvor besprochenen Vergleich von (*a, d*) gegenüber (*b, c*), wobei (*b, c*) für (3, 2) stehe. Die Nutzengleichheits-Präferenz würde die Superiorität bzw. Überlegenheit von (3, 2) über (10, 1) wie auch über (4, 1) behaupten. Sie würde tatsächlich überhaupt nicht zwischen diesen beiden Fällen unterscheiden. Aufgrund dieses mangelnden Interesses an Fragen des »Wie viel« ist es relativ einfach, Leximin zu kritisieren, und zwar *entweder* indem man zeigt, dass es nicht mit vorrangigen Prinzipien wie etwa der »gleichen Gewichtung der gleichen Interessen aller Parteien« übereinstimmt, *oder* indem man seine gravierenden Folgen in konkreten Fällen verdeutlicht.

Abgesehen von seiner Gleichgültigkeit gegenüber Fragen des »Wie viel« zeigt Leximin auch wenig Interesse an Fragen des »Wie viele« – und beachtet die Anzahl der Personen, deren Interessen bei der Verfolgung der Interessen der am schlechtesten Gestellten übergangen werden, überhaupt nicht. Die am schlechtesten gestellte Position hat das Sagen, und es spielt keine Rolle, ob dies den Interessen einer einzigen anderen Person oder denen einer Million oder einer Milliarde zuwiderläuft. Manchmal wird behauptet, dass

Leximin gar kein so extremes Kriterium wäre, wenn es so verändert werden könnte, dass diese Zahlenblindheit vermieden würde, und wenn den Interessen *einer* am schlechtesten gestellten Position Vorrang vor den Interessen genau *einer* besser gestellten Position, nicht jedoch notwendig wider die Interessen von *mehr als einer* besser gestellten Position eingeräumt würde. In der Tat lässt sich eine weniger anspruchsvolle Version von Leximin definieren, die man Leximin-2 nennen könnte, bei der das Leximin-Prinzip angewendet wird, *wenn* alle Personen außer zwei indifferent zwischen den Alternativen sind, andernfalls hingegen nicht notwendigerweise. Als Kompromiss wird sich Leximin-2 weiterhin nicht um Fragen des »Wie viel« in Bezug auf die Nutzengrößen der zwei nicht-indifferenten Personen kümmern; es muss jedoch keine Scheuklappen in Bezug auf Fragen des »Wie viele« tragen, die sich mit vielen Personen befassen: Der Vorrang gilt für eine Person gegenüber exakt einer anderen.*

Interessanterweise tritt hier ein Konsistenzproblem auf. Es lässt sich zeigen, dass angesichts der Regu-

* Leximin – und Maximin – befassen sich mit Konflikten zwischen positionalen Prioritäten, d. h. zwischen Rangstufen (wie etwa der »am schlechtesten gestellten Position«, der »am zweitschlechtesten gestellten Position« usw.), und nicht mit interpersonellen Prioritäten. Wenn Positionen mit Personen zusammenfallen (und z. B. die*selbe* Person die am schlechtesten gestellte in jedem Zustand ist), dann führen positionale Konflikte direkt zu personalen Konflikten.

laritätsbedingungen (unbeschränkter Definitionsbereich und Unabhängigkeit) aus Leximin-2 logisch Leximin im Allgemeinen folgt.* Das heißt, dass es unter diesen Regularitätsbedingungen keine Möglichkeit gibt, moralisch sensitiv gegenüber der Anzahl der Personen auf jeder Seite zu bleiben, indem man die eingeschränkte Anforderung von Leximin-2 wählt, ohne bis ganz zu Leximin selbst zu gehen. Es zeigt sich, dass eine Indifferenz gegenüber Fragen des *Wie viel* hinsichtlich des Nutzens eine Indifferenz gegenüber Fragen des *Wie viele* hinsichtlich der Anzahl der Personen auf den verschiedenen Seiten mit sich bringt. Eine Zahlenblindheit erzeugt die nächste.

Angesichts der Art dieser Kritik an der utilitaristischen Gleichheit bzw. an der Gleichheit des Gesamtnutzens liegt die Frage nahe, ob nicht doch irgendeine *Kombination* der zwei Ansätze beiderlei Einwänden gerecht werden könnte. Wenn der Utilitarismus also für seine Gleichgültigkeit gegenüber Ungleichheiten der Nutzenverteilung angegriffen wird, und Leximin für sein mangelndes Interesse an den Größen der Nutzengewinne und -verluste und sogar an der involvierten Anzahl kritisiert wird, so lässt sich fragen, ob nicht die richtige Lösung dann in der Wahl einer bestimmten Mischung der beiden bestünde? Genau an diesem Punkt wird die lange zurückgestellte Frage der Beziehung zwischen Nutzen und moralischem Wert

---

* Theorem 8, Sen 1977. Siehe auch Hammond 1979 zu Erweiterungen dieses Ergebnisses.

entscheidend. Obwohl der Utilitarismus und Leximin sich in ihrer jeweiligen Verwendung der Nutzeninformationen sehr stark voneinander unterscheiden, teilen beide ihr ausschließliches Interesse an Nutzendaten. Spielen Nicht-Nutzen-Erwägungen irgendeine Rolle in den beiden Ansätzen, so ergibt sich dies aus der Rolle, die sie bei der Bestimmung von Nutzen spielen, oder vielleicht aus der Rolle, die ihnen als Ersatz für Nutzeninformationen zukommt, sofern angemessene Nutzendaten fehlen. Eine Kombination aus Utilitarismus und Leximin bliebe dennoch auf das Feld des Welfarismus beschränkt. Es bleibt daher zu untersuchen, ob der Welfarismus als allgemeiner Ansatz *selbst* angemessen ist.

Ein Aspekt der Beschränktheit des Welfarismus wurde von John Rawls sehr deutlich erörtert.

»Bei der Berechnung der Nutzensumme spielt es nur eine mittelbare Rolle, worauf sich die Bedürfnisse richten. Die Institutionen sollen so beschaffen sein, dass die größte Summe der Befriedigungen entsteht; man fragt nicht nach deren Ursprung oder Beschaffenheit, sondern nur nach ihrer Auswirkung auf die Summe des Wohlbefindens [...]. Wenn es also den Menschen Freude macht, andere zu diskriminieren, ihnen weniger Freiheit zu gewähren, um ihr eigenes Selbstgefühl zu erhöhen, dann ist die Befriedigung dieser Bedürfnisse bei unseren Überlegungen gemäß ihrer Stärke, oder sonst einer Eigenschaft, mitzuzählen, genau wie bei anderen Bedürfnissen [...]. Nach der Gerechtigkeit als Fairness dagegen akzeptieren die Menschen von Anfang an einen Grundsatz der gleichen Freiheit für alle, ohne im einzelnen ihre Ziele zu kennen [...].Wenn jemand entdeckt, dass es ihm Freude macht, andere mit weniger Freiheit ausgestattet zu sehen, weiß er, dass er keinen Anspruch auf diese Freude hat. Die Freude an der Benachteiligung anderer ist an sich selbst unrecht: Sie erfordert die Verletzung eines Grundsatzes, dem man selber im Urzustand zustimmen würde.«*

Es ist leicht einzusehen, dass dies nicht nur ein Argument gegen den Utilitarismus, sondern auch gegen die Angemessenheit von Nutzeninformationen für moralische Urteile über Zustände darstellt, und dass es sich daher um einen Angriff auf den Welfarismus im Allgemeinen handelt. Zweitens wird deutlich, dass das Argument als Kritik am Welfarismus – und erst recht als Kritik am Utilitarismus – ein Prinzip verwendet, das unnötig streng ist. Selbst wenn es so wäre, dass die Freude »am Elend anderer« nicht als falsch an sich betrachtet, sondern einfach *außer Betracht gelassen* würde, bliebe eine Ablehnung des Welfarismus bestehen. Außerdem würde der Welfarismus auch dann immer noch abgelehnt werden, wenn solche Freuden zwar als wertvoll, jedoch als

* Rawls 1971, S. 30 f. [hier zit. nach der dt. Übers.: *Eine Theorie der Gerechtigkeit*, Frankfurt a. M. 1979, S. 49].

weniger wertvoll als Freuden, die anderen Quellen entspringen (z. B. dem Genuss von Speisen, Arbeit oder Freizeit), betrachtet würden. Das Problem – wie bereits John Stuart Mill anmerkte – besteht in der mangelnden »Gleichwertigkeit« [»parity«] zwischen verschiedenen Nutzenquellen.* Der Welfarismus verlangt nicht bloß die Befürwortung der weitverbreiteten Intuition, dass jede Freude irgendeinen Wert hat – und man müsste schon ein kleiner Spaßverderber sein, um dem zu widersprechen –, sondern vielmehr auch die noch sehr viel fragwürdigere Aussage, dass Freuden *nur* entsprechend ihren jeweiligen Intensitäten relativ gewichtet werden müssen, ungeachtet der jeweiligen Quelle der Freude und der Art der Handlung, die mit ihr verbunden ist. Rawls' Argument erfolgt schließlich in der Form eines Appells an das vorrangige Prinzip, das in der Gleichsetzung der moralischen Richtigkeit mit der prudentiellen[6] Akzeptierbarkeit im Urzustand besteht. Selbst diejenigen, die dieses vorrangige Prinzip nicht akzeptieren, könnten die welfaristische, nüchterne Nutzenberechnung ohne Rücksichtnahme auf alle anderen Informationen ablehnen, indem sie sich auf andere vorrangige Prinzipien beziehen, wie z. B. den irreduziblen Wert der Freiheit.

Die Relevanz von Nicht-Nutzen-Informationen

---

* John Stuart Mill, *On Liberty*, 1859, S. 140 [dt.: *On Liberty. Über die Freiheit.* Engl./Dt., Stuttgart 2009 (Reclams Universal-Bibliothek. 18536) S. 238].

für moralische Urteile spielt eine zentrale Rolle bei der Anfechtung des Welfarismus. Libertäre Überlegungen weisen in Richtung einer besonderen Klasse von Nicht-Nutzen-Informationen. Ich habe andernorts aufgezeigt, dass dies sogar die Ablehnung des sogenannten Pareto-Prinzips[7] aufgrund der Nutzendominanz erforderlich machen könnte.* Doch es existieren auch noch weitere Arten von Nicht-Nutzen-Informationen, die für an sich wichtig gehalten worden sind. Tim Scanlon hat kürzlich den Unterschied zwischen »Dringlichkeit« und Nutzen (oder Intensität der Präferenz) erörtert. Er hat zudem behauptet, dass »die Kriterien für Wohlergehen, die wir tatsächlich verwenden, wenn wir moralische Urteile fällen, objektiv sind«, und dass das Wohlergehens-Niveau einer Person für »unabhängig vom Geschmack und den Interessen dieser Person« gehalten wird.** Diese moralischen Urteile könnten daher mit utilitaristischen – und allgemeiner noch (wie Scanlon hätte argumentieren können) mit welfaristischen – Moraltheorien in Konflikt geraten, und zwar unabhängig davon, ob Nutzen als Freude interpretiert wird oder – wie in letzter Zeit immer häufiger – als Wunscherfüllung.

Die Relevanz objektiver Faktoren anzuerkennen erfordert allerdings nicht, dass man Wohlergehen für unabhängig von Vorlieben halten muss – Scanlons

---

* Sen 1970, bes. Kap. 6. Siehe außerdem Sen 1979.
** T. M. Scanlon 1975, S. 658 f.

Kategorien sind daher zu rein. So wird zum Beispiel eine mangelnde »Gleichwertigkeit« [»parity«] zwischen dem Nutzen, der sich aus egoistischen Handlungen ergibt, und dem Nutzen, der aus altruistischen Handlungen entspringt, über den Nutzen als einem Indikator für Wohlergehen hinausgehen und für den Welfarismus fatal sein. Der Gegensatz ist jedoch natürlich nicht unabhängig von Vorlieben und subjektiven Merkmalen. »Objektive« Erwägungen können zusammen mit den Vorlieben einer Person zählen. Bestritten werden muss aber, dass das Wohlergehen einer Person *ausschließlich* in Bezug auf ihren Nutzen beurteilt wird. Wenn solche Urteile die Freuden und Wunscherfüllungen einer Person, aber auch bestimmte objektive Faktoren wie zum Beispiel, ob sie Hunger hat, friert oder unterdrückt ist, berücksichtigen, dann wäre die sich daraus ergebende Berechnung dennoch nicht-welfaristisch. Der Welfarismus stellt eine extremistische Position dar, und ihre Ablehnung kann verschiedene – reine und gemischte – Formen annehmen, solange nur vermieden wird, Nicht-Nutzen-Informationen völlig zu ignorieren.

Zweitens ist auch klar, dass der Begriff der Dringlichkeit nicht unbedingt nur *durch* die Determinanten des persönlichen Wohlergehens wirken muss – wie weit auch immer dieses gefasst sein mag. So gründet zum Beispiel der Anspruch, auf der Arbeit nicht *ausgebeutet* zu werden, nicht darauf, dass man Ausbeutung zu einem zusätzlichen Parameter bei der Spezifikation des Wohlergehens neben solchen Faktoren wie

Einkommen und Anstrengung macht, sondern er basiert auf der moralischen Ansicht, dass eine Person das zu bekommen verdient, was sie – gemäß einer der Arten, Produktion zu beschreiben – produziert hat. In gleicher Weise richtet sich die Dringlichkeit, die sich aus Prinzipien wie »gleiche Bezahlung für gleiche Arbeit« ergibt, direkt auf die Diskriminierung, ohne dass der Begriff des persönlichen Wohlergehens neu definiert werden müsste, um solche Diskriminierungen zur Kenntnis zu nehmen. Man könnte beispielsweise sagen: »Man muss ihr genauso viel zahlen wie den Männern, die in diesem Beruf arbeiten, und zwar nicht in erster Linie aus dem Grund, weil andernfalls ihr Wohlergehens-Niveau geringer ausfiele als das der anderen, sondern einfach deshalb, weil sie die*selbe* Arbeit verrichtet wie die Männer. Aus welchem Grund sollte man ihr also weniger zahlen?« Diese moralischen Ansprüche, die auf nicht-welfaristischen Gleichheitskonzeptionen basieren, haben eine bedeutende Rolle in sozialen Bewegungen gespielt. Die Hypothese, dass es sich hierbei um rein »instrumentelle« Ansprüche handelt, die letztlich durch ihre indirekten Auswirkungen auf die Erfüllung von welfaristischen oder anderen, auf Wohlergehen basierenden Zielen, gerechtfertigt sind, lässt sich entsprechend nicht leicht aufrechterhalten.

Somit kann die Abgrenzung der Dringlichkeit vom Nutzen aus zwei verschiedenen Quellen erwachsen: Die eine löst den Begriff des persönlichen Wohlergehens vom Nutzen, die andere macht Dringlichkeit nicht allein zu einer Funktion des Wohlergehens. Doch gleichzeitig verlangt erstere nicht, dass das Wohlergehen unabhängig vom Nutzen zu sein hat. Und letztere erfordert kein Konzept von Dringlichkeit, das unabhängig vom persönlichen Wohlergehen ist. Der Welfarismus ist eine puristische Position und muss jede Verunreinigung durch beide Quellen vermeiden.

3. Rawls'sche Gleichheit

Rawls' »zwei Prinzipien der Gerechtigkeit« charakterisieren die Notwendigkeit von Gleichheit in Bezug auf – wie er es genannt hat – »gesellschaftliche Grundgüter«.* Es handelt sich dabei um »Dinge, von denen man annehmen kann, dass sie jeder vernünftige Mensch haben will«, darunter »Rechte, Freiheiten und Chancen sowie Einkommen und Vermögen« und »die sozialen Grundlagen der Selbstachtung«. Die Grundfreiheiten werden von den anderen Grundgütern als vorrangig getrennt, und somit wird dem Prinzip der Freiheit, das verlangt, dass jedermann »gleiches Recht auf das umfangreichste System gleicher Grundfreiheit haben« soll, »das mit dem gleichen System für alle anderen verträglich ist«, ein Vorrang eingeräumt. Das zweite Prinzip ergänzt dies, indem es Effizienz und Gleichheit verlangt und Vorteile in Bezug auf einen Grundgüterindex beurteilt. Ungleichheiten werden abgelehnt, es sei denn, sie dienen dem Vorteil aller. Dies umfasst das »Differenzprinzip«, das der Förderung der Interessen der am schlechtesten Gestellten Vorrang gibt. Und das führt zu Maximin oder zu Leximin, und zwar definiert nicht nach individuellen Nutzen, sondern nach dem Grundgüterindex. Doch angesichts des Vorrangs des Freiheitsprinzips sind keine Trade-offs bzw. Abwägungen gegeneinander zwischen den Grundfreiheiten und

* Rawls 1971, S. 60–65 [dt. S. 81–86, Zitate S. 83 und 81].

den ökonomischen und gesellschaftlichen Gewinnen erlaubt.

Herbert Hart hat Rawls' Argumenten für den Vorrang der Freiheit überzeugend widersprochen,* doch mit dieser Frage werde ich mich in dieser Vorlesung nicht befassen. Von zentraler Bedeutung für das zur Diskussion stehende Problem ist die Konzentration auf Bündel gesellschaftlicher Grundgüter. Einige der im Welfarismus auftretenden Schwierigkeiten, die ich zu erörtern versucht habe, werden nicht beim Streben nach Rawls'scher Gleichheit auftreten. Objektiven Kriterien des Wohlergehens kann direkt im Rahmen des Grundgüterindexes Rechnung getragen werden. Dasselbe gilt auch für Mills Ablehnung der »Gleichwertigkeit« [»parity«] von Freuden, die aus verschiedenen Quellen stammen, da die Quellen anhand der Art der Güter voneinander unterschieden werden können. Zudem vermeidet das Differenzprinzip, obwohl es in gewisser Hinsicht ähnlich wie Leximin egalitaristisch ist, die vielfach kritisierte Besonderheit von Leximin, denjenigen Personen mehr Einkommen zu geben, die als Personen schwer zu befriedigen sind und die man mit Champagner überschütten und mit Kaviar überhäufen müsste, um sie auf ein normales Nutzenniveau zu bringen, das Leute

---

* H. L. A. Hart, »Rawls on Liberty and Its Priority«, in: *University of Chicago Law Review* 40 (1973) [S. 534–555]; wieder abgedruckt in: N. Daniels (Hrsg.), *Reading Rawls*, Oxford: Blackwell, 1975.

wie Sie und ich schon durch ein Sandwich und ein Bier erreichen würden. Da der Vorteil überhaupt nicht in Bezug auf Nutzen beurteilt wird, sondern durch den Grundgüterindex, können teure Vorlieben nicht länger eine Begründung dafür bieten, mehr Einkommen zu erhalten. Rawls rechtfertigt dies mit der Verantwortung einer Person für ihre eigenen Zwecke.

Doch was ist mit dem zuvor diskutierten Invaliden mit seinen Nutzennachteilen? In einem reinen Verteilungsproblem wird Leximin ihm mehr Einkommen geben. Der Utilitarismus dagegen, so hatte ich bemängelt, wird ihm *weniger* geben. Das Differenzprinzip wird ihm weder mehr noch weniger aufgrund seiner Invalidität geben. Sein Nutzennachteil ist für das Differenzprinzip irrelevant. Das mag hart erscheinen, und ich denke, dass es das auch ist. Rawls rechtfertigt dies mit dem Hinweis, dass »schwere Fälle [...] unsere moralische Wahrnehmung ablenken« können, »indem sie dazu führen, dass wir an Menschen denken, die uns fern sind und deren Schicksal Mitleid und Angst erregt«.* Das mag so sein, doch es gibt tatsächlich schwierige Fälle, und Behinderungen oder besondere Gesundheitsbedürfnisse oder körperliche oder seelische Defekte für moralisch irrelevant zu halten, oder sie aus Angst davor, einen Fehler zu begehen, außer Acht zu lassen, führt mit Sicherheit dazu, dass man genau den *entgegengesetzten* Fehler begeht.

* John Rawls, »A Kantian Conception of Equality«, in: *Cambridge Review* 96 (Februar 1975), S. 94–99, S. 96.

Und das Problem endet nicht bei schwierigen Fällen. Der Grundgüteransatz scheint auch der Vielfalt der Menschen wenig Beachtung zu schenken. Im Zusammenhang mit der Bewertung der utilitaristischen Gleichheit wurde gezeigt, dass, wenn sich Menschen in Bezug auf Nutzenfunktionen grundsätzlich ähneln würden, uns die utilitaristische Beschäftigung mit der Maximierung der Nutzensumme gleichzeitig auch in Richtung der Gleichheit von Nutzenniveaus drängen würde. Folglich könnte man den Utilitarismus wesentlich attraktiver machen, wenn sich die Menschen tatsächlich stark ähneln würden. Entsprechendes lässt sich auch in Bezug auf das Rawls'sche Differenzprinzip anmerken. Wären sich die Menschen grundsätzlich sehr ähnlich, könnte ein Grundgüterindex ein recht gutes Mittel zur Beurteilung von Vorteilen sein. Doch tatsächlich scheinen Menschen je nach Gesundheit, Lebensdauer, klimatischen Bedingungen, Wohnort, Arbeitsbedingungen, Temperament und sogar Körperumfang (der sich auf den Nahrungs- und Bekleidungsbedarf auswirkt) sehr unterschiedliche Bedürfnisse zu haben. Daher geht es nicht bloß darum, dass einige wenige schwere Fälle ignoriert werden, sondern darum, dass sehr weitverbreitete und tatsächliche Unterschiede unberücksichtigt bleiben. Beurteilt man Vorteile rein in Bezug auf Grundgüter, so führt dies zu einer teilweise blinden Ethik.

Man kann daher durchaus behaupten, dass in der Tat ein »fetischistisches« Element in der Rawls'schen Rahmenstruktur steckt. Rawls betrachtet die Grundgüter als Inbegriff des Vorteils, anstatt den Vorteil als ein *Verhältnis* zwischen Personen und Gütern aufzufassen. Der Utilitarismus, Leximin, oder – noch allgemeiner – der Welfarismus weisen diesen Fetischismus nicht auf, da die Nutzen eine der Formen der Beziehung zwischen Personen und Gütern widerspiegeln. So werden zum Beispiel Einkommen und Vermögen im Utilitarismus nicht als physische Einheiten, sondern hinsichtlich ihrer Fähigkeit, menschliches Glück hervorzubringen oder menschliche Wünsche zu befriedigen, bewertet. Auch wenn man den Nutzen nicht für den richtigen Fokus im Hinblick auf das Verhältnis zwischen Personen und Gütern hält, so bietet eine vollständig güterorientierte Rahmenstruktur auch eine eigentümliche Art der Beurteilung von Vorteilen.

Man kann außerdem anführen, dass der Nutzen in Form von Glück oder Wunscherfüllung zwar eine *unzureichende* Richtschnur für Dringlichkeit sein mag, doch dass das Rawls'sche Rahmenkonzept davon ausgeht, er sei *irrelevant* für Dringlichkeit, was natürlich eine sehr viel stärkere Behauptung darstellt. Dieser Unterschied wurde bereits zuvor im Zusammenhang mit der Bewertung des Welfarismus erörtert, und es wurde hervorgehoben, dass eine Ablehnung des Welfarismus uns nicht unbedingt so weit führen muss, dass wir dem Nutzen überhaupt keine Bedeutung mehr zuschreiben. Es dürfte nur schwerlich zu begründen sein, dass das Interesse einer Person nichts direkt mit ihrem Glück oder ihrer Wunscherfüllung zu tun hat. Selbst in Bezug auf das vorrangige Prinzip der prudentiellen Akzeptierbarkeit im »Urzustand« ist keineswegs klar, warum die Personen in diesem ursprünglichen Zustand für so gleichgültig gegenüber den Freuden und Leiden, die mit dem Einnehmen bestimmter Positionen verbunden sind, gehalten werden sollten – oder warum, wenn sie es nicht sind, ihr Interesse an diesen Freuden und Leiden dann für moralisch irrelevant gehalten werden sollte.

4. Die Gleichheit der Grundfähigkeiten

Dies führt zu einer weiteren Frage: Können wir nicht eine angemessene Gleichheitstheorie auf den *kombinierten* Gründen der Rawls'schen Gleichheit und der Gleichheit der beiden welfaristischen Konzeptionen aufbauen, und zwar mit Hilfe einiger Abwägungen bzw. Trade-offs zwischen ihnen? Ich möchte kurz darlegen, warum ich der Meinung bin, dass sich auch dies hinsichtlich der verwendeten Informationen als unzureichend erweisen könnte. Solches ließe sich natürlich leicht behaupten, *wenn* Ansprüche aufgrund anderer Überlegungen als dem Wohlergehen als berechtigt anerkannt würden. Nicht-Ausbeutung oder Nicht-Diskriminierung setzen die Verwendung von Informationen voraus, die weder durch Nutzen, noch durch Grundgüter vollständig erfasst werden. Es können auch andere Konzeptionen von Ansprüchen eingebracht werden, die über das alleinige Interesse am persönlichen Wohlergehen hinausgehen. Doch ich werde diese Konzepte im Folgenden nicht einführen. Ich behaupte vielmehr, dass *selbst* das Konzept der *Bedürfnisse* nicht angemessen mittels der Informationen über Grundgüter und Nutzen erfasst wird.

Ich werde mich eines Fall-Konsequenzen-Arguments bedienen. Nehmen wir noch einmal das Beispiel des Invaliden mit dem Grenznutzen-Nachteil. Wir haben gesehen, dass der Utilitarismus nichts für ihn tun würde; entsprechend dem Ansatz wird er in der Tat *weniger* Einkommen erhalten als die körperlich gesunde Person. Und auch das Differenzprinzip würde ihm nicht helfen; es wird seinen körperlichen Nachteil vollkommen ignorieren. Demgegenüber erhielt er durchaus eine bevorzugte Behandlung nach Leximin und allgemeiner nach Kriterien, die die Gesamtgleichheit fördern. Sein niedriges Gesamtnutzenniveau bildete dabei die Grundlage für seinen Anspruch. Doch angenommen nun, dass er trotz seiner körperlichen Behinderung hinsichtlich des Nutzens nicht schlechter gestellt ist als andere, nämlich aufgrund bestimmter anderer Nutzeneigenschaften. Dies könnte etwa daran liegen, dass er einen fröhlichen Charakter besitzt oder ein niedriges Erwartungsniveau hat und sein Herz schon höherschlägt, wenn er nur einen Regenbogen am Himmel erblickt. Oder dass er religiös ist und glaubt, im Leben nach dem Tod belohnt zu werden, oder dass er heiter akzeptiert, was er einfach für die Strafe für Missetaten aus einem früheren Leben hält. Der entscheidende Punkt ist, dass er dann trotz seines Grenznutzen-Nachteils nicht länger einen Gesamtnutzenmangel aufweist. Nun wird selbst Leximin – oder irgendein anderer Gleichheitsbegriff, der sich auf den Gesamtnutzen konzentriert – nicht viel für ihn tun. Wenn wir weiterhin der Ansicht sind, dass er Bedürfnisse als Invalide hat, auf die man eingehen sollte, dann findet sich die Grundlage für diesen Anspruch klarerweise weder in einem hohem Grenznutzen noch in einem geringen Gesamtnutzen, noch – selbstverständlich – im Mangel an Grundgütern.

Vieles spricht dafür, dass das, was in diesem gesamten Rahmen fehlt, ein Begriff von »Grundfähigkeiten« ist, d. h. die Fähigkeit einer Person, bestimmte grundlegende Dinge zu tun. In diesem Fall besteht die relevante Fähigkeit darin, sich frei umherzubewegen, doch man kann auch andere Fähigkeiten erwägen, z. B. die Fähigkeit, seinen Nahrungsbedarf zu decken, die nötigen Mittel für Bekleidung und Unterkunft aufzubringen oder die Kraft, am gesellschaftlichen Leben der Gemeinschaft teilzunehmen. Der damit verbundene Begriff der Dringlichkeit wird weder durch Nutzen noch durch Grundgüter oder irgendeine Kombination der beiden vollständig erfasst. Der Grundgüteransatz leidet durch seine Beschäftigung mit Gütern unter einem fetischistischen Handicap, und obwohl die Güterliste weit und integrativ gefasst ist und Rechte, Freiheiten, Chancen, Einkommen, Vermögen und die sozialen Grundlagen der Selbstachtung umfasst, befasst sie sich dennoch nur mit guten Dingen und nicht damit, was diese guten Dinge bei Menschen *bewirken*. Demgegenüber befasst sich der Nutzen *durchaus* damit, was diese Dinge bei Menschen bewirken, doch er verwendet eine Messmethode, die sich nicht auf die Fähigkeiten einer Person, sondern auf ihre psychischen Reaktionen konzentriert. Es fehlt immer noch etwas in der kombinierten Liste der Grundgüter und Nutzen. Wird dafür argumentiert, dass Mittel zur Beseitigung oder zur erheblichen Verringerung der Beeinträchtigung des Invaliden bereitgestellt werden sollten, obwohl es dafür kein Gesamtnutzen-Argument gibt (weil er so zufrieden ist) und obwohl es keinen Mangel an Grundgütern gibt (weil er die Güter hat, die andere haben), so muss die Forderung auf etwas anderem beruhen. Meiner Meinung nach geht es um die Interpretation der Bedürfnisse in Form von Grundfähigkeiten. Diese Interpretation der Bedürfnisse und Interessen ist oft in der Forderung nach Gleichheit implizit mit enthalten. Ich werde diese Art von Gleichheit als »Gleichheit der Grundfähigkeiten« bezeichnen.

Die Konzentration auf Grundfähigkeiten kann als eine natürliche Erweiterung von Rawls' Interesse an Grundgütern verstanden werden, wobei die Aufmerksamkeit von den Gütern hin zu eben jenem gelenkt wird, was die Güter bei Menschen bewirken. Rawls selbst motiviert dazu, den Vorteil im Hinblick auf Grundgüter durch Bezug auf Fähigkeiten zu beurteilen, obwohl seine Kriterien sich am Ende doch auf Güter als solche konzentrieren, etwa auf Einkommen statt darauf, was Einkommen bewirkt, auf die »sozialen Grundlagen der Selbstachtung« statt auf Selbstachtung selbst, und so weiter. Wären die Menschen sich sehr ähnlich, hätte dies nicht viel ausgemacht, doch es deutet einiges darauf hin, dass sich die Umwandlung von Gütern zu Fähigkeiten von Person zu Person erheblich unterscheidet. Und die Gleichheit ersterer kann immer noch weit entfernt von der Gleichheit letzterer sein.

Der Begriff der »Gleichheit der Grundfähigkeiten« wirft natürlich viele Schwierigkeiten auf. Insbesondere die Indexierung der Grundfähigkeitsbündel stellt ein ernst zu nehmendes Problem dar. In vielerlei Hinsicht ist dieses Problem mit der Indexierung von Grundgüterbündeln im Rahmen der Rawls'schen Gleichheit vergleichbar. Es ist hier nicht der Ort, um auf die technischen Probleme einzugehen, die mit einer solchen Indexierung verbunden sind. Es ist jedoch klar, dass jede mögliche partielle Ordnung, die auf der Grundlage einer weitgehenden Einheitlichkeit persönlicher Präferenzen vorgenommen werden kann, durch bestimmte etablierte Konventionen von relativer Bedeutung ergänzt werden muss.

Die Ideen von relativer Bedeutung hängen natürlich von der Art der jeweiligen Gesellschaft ab. Der Begriff der Gleichheit der Grundfähigkeiten ist ein sehr allgemeiner Begriff, doch seine Anwendung muss jeweils kulturabhängig erfolgen, und zwar besonders bei der Gewichtung verschiedener Fähigkeiten. Während die Rawls'sche Gleichheit die Besonderheit aufweist, dass sie sowohl kulturabhängig als auch fetischistisch ist, vermeidet die Gleichheit der Grundfähigkeiten den Fetischismus, bleibt jedoch kulturabhängig. Tatsächlich kann die Gleichheit der Grundfähigkeiten im Wesentlichen als eine Ausweitung des Rawls'schen Ansatzes in eine nicht-fetischistische Richtung verstanden werden.

5. Schlussbemerkungen

Ich möchte mit drei abschließenden Bemerkungen enden:

Erstens behaupte ich nicht, dass die Gleichheit der Grundfähigkeiten die alleinige Richtschnur für das moralisch Gute sein kann. Zum einen beschäftigt sich Ethik nicht ausschließlich mit Gleichheit. Zum anderen habe ich, obwohl ich behaupte, dass die Gleichheit der Grundfähigkeiten über einige klare Vorteile gegenüber anderen Arten der Gleichheit verfügt, nicht behauptet, dass die anderen moralisch irrelevant seien. Die Gleichheit der Grundfähigkeiten stellt eine partielle Richtschnur für denjenigen Teil des moralisch Guten dar, der mit der Idee der Gleichheit verbunden wird. Ich habe zu zeigen versucht, dass sie als eine partielle Richtschnur Vorzüge aufweist, die die anderen Gleichheitscharakterisierungen nicht besitzen.

Zweitens kann der Grundfähigkeitenindex, ähnlich wie der Nutzen, auf sehr unterschiedliche Weise verwendet werden. Die Gleichheit der Grundfähigkeiten entspricht der Gleichheit des Gesamtnutzens, und sie kann in verschiedene Richtungen, z. B. zum Leximin von Grundfähigkeiten, ausgedehnt werden. Andererseits kann der Index auch in einer Weise verwendet werden, die dem Utilitarismus ähnelt, indem die Stärke eines Anspruchs danach beurteilt wird, welchen zusätzlichen Beitrag er zur Verbesserung des Indexwertes leistet. Die Hauptabweichung besteht in der Konzentration auf eine *Größe*, die sich sowohl vom Nutzen als auch vom Grundgüterindex unterscheidet.

Drittens hat sich der Großteil dieser Vorlesung mit der Zurückweisung der Ansprüche befasst, die die utilitaristische Gleichheit, die Gleichheit des Gesamtnutzens und die Rawls'sche Gleichheit darauf erheben, eine ausreichende Grundlage für den Gleichheitsaspekt der Ethik bereitzustellen – und zwar tatsächlich selbst für jenen Teil der Ethik, der sich mit Bedürfnissen an Stelle von Verdiensten befasst. Ich habe gezeigt, dass keine dieser drei Konzeptionen und auch nicht irgendeine Kombination aus den dreien sich als ausreichend erweist.

Das ist meine Hauptthese. Ich habe zudem die konstruktive Behauptung aufgestellt, dass diese Kluft durch die Idee der Gleichheit der Grundfähigkeiten und allgemeiner, durch die Verwendung der Grundfähigkeit als einer moralisch relevanten Dimension, die uns über Nutzen und Grundgüter hinausführt, verringert werden kann. Ich möchte abschließend betonen, dass die Gültigkeit der Hauptthese nicht von der Annahme dieser konstruktiven Behauptung abhängt.

Anmerkungen der Herausgeberin

1 Der englische Originaltitel lautet »Equality of What?«. Für den deutschen Titel wurde die Doppelung ›Gleichheit? Welche Gleichheit?‹ gewählt, um die im Englischen enthaltene genauere Frage nach der *Art* der Gleichheit, um die es gehen sollte, etwas besser einzufangen als dies mit ›Welche Gleichheit?‹ allein möglich gewesen wäre.

2 Unter einer prudentiellen Wahl ist hier eine Wahl zu verstehen, die eine Person im Sinne ihrer Eigeninteressen auf der Basis von Klugheitsgründen trifft.

3 *das Ergebnis des Grenzschwanzes, der mit dem Gesamthund wackelt*: Im Original spielt Sen mit »the marginal tail wagging the total dog« auf den engl. Ausdruck »the tail wagging the dog« (der Schwanz wedelt den Hund) an. Damit ist gemeint, dass ein kleiner, unwichtiger Teil die Kontrolle über das wichtigere Gesamte übernimmt.

4 *Maximin-Regel:* vgl. hierzu im Nachwort S. 71.

5 *Ordinalität:* vgl. hierzu im Nachwort S. 66–68, 84.

6 Vgl. Anm. 2.

7 *Pareto-Prinzip:* vgl. hierzu im Nachwort S. 66.

Zu dieser Ausgabe

Der vorliegende Aufsatz wurde ursprünglich als Vorlesung in der Reihe »The Tanner Lectures on Human Values« (»Die Tanner-Vorlesungen zu menschlichen Werten«) am 22. Mai 1979 an der Stanford University gehalten und später in der entsprechenden Reihe überarbeitet veröffentlicht:

> Amartya Sen: Equality of What? In: Sterling McMurrin (Hrsg.): The Tanner Lectures on Human Values. Bd. I. Salt Lake City / Cambridge 1980. S. 195–220.

Die Übersetzung erfolgt mit freundlicher Genehmigung von Amartya Sen.

Originalanmerkungen von Amartya Sen sind mit Asterisken gekennzeichnet und stehen als Fußnoten im Text. Anmerkungen der Herausgeberin sind durchnummeriert und verweisen auf S. 44 in dieser Ausgabe.

Nachwort zu Amartya Sens
»Equality of What?«

Gleichberechtigung von Frauen, Ehe für alle, gleiche Berufschancen unabhängig von Geschlecht, Herkunft, Behinderung oder Alter, gleiches Einkommen für gleiche Arbeit – die Liste der gesellschaftlichen Themen, bei denen Gleichheit im Zentrum steht, ließe sich beliebig erweitern. »Gleichheit« ist ein philosophisches und politisches Konzept und Schlagwort zugleich. Seit jeher steht es im Zentrum philosophischer, politischer, wirtschaftlicher und sozialer Debatten und Bewegungen. Wann immer es um Gleichheit zwischen Menschen geht, muss freilich präzisiert werden, zwischen welchen Personen bzw. innerhalb welcher Gruppe und im Hinblick auf was genau Gleichheit besteht oder bestehen soll (um welche Eigenschaft oder um welche Variable geht es?). Heißt es z. B. in Art. 3 des Grundgesetzes: »Alle Menschen sind vor dem Gesetz gleich«, so besteht die Übereinstimmung bzw. Gleichheit zwischen allen Menschen im Hinblick auf ihre rechtliche Stellung vor dem Gesetz, unabhängig davon, wie unterschiedlich die Menschen ansonsten auch sein mögen.

Besonders dann, wenn rechtliche oder gesellschaftliche Normen und Werte im Spiel sind, kann eine weitergehende Begründung für die Gleichheit oder Ungleichheit gefordert werden, denn wo es eine Gruppe von »Gleichen« gibt, gibt es immer auch eine mögliche Gruppe von »Ungleichen«, die ausgeschlossen werden und die ihren Status als »Ungleiche« infrage stellen können. Wären z. B. per Gesetz nur alle männlichen erwachsenen Bürger wahlberechtigt, könnte eine Rechtfertigung dafür eingefordert werden, warum etwa Frauen ausgeschlossen werden. Würde sie lauten, dass nur Männer vernünftig und mündig genug sind, um wählen zu gehen, könnten die Gegnerinnen eines solchen Männerwahlrechts diese Positionen dadurch anfechten, dass sie auf die gleiche Vernunftfähigkeit von Frauen und das gleiche Recht, sich an politischen Abstimmungen zu beteiligen, verweisen.

In modernen demokratischen Gesellschaften gehen wir immer schon davon aus, dass alle Bürgerinnen und Bürger gleich sind und daher auch gleichbehandelt werden und z. B. über die gleichen Grundrechte und -freiheiten verfügen. Auch im moralischen Bereich gehen wir in der Regel davon aus, dass allen Personen, die uns begegnen, die gleiche Achtung zuteilwerden sollte. Wird in diesen Bereichen jemandem die ihm zustehende Gleichheit und Gleichbehandlung verwehrt, bezeichnen wir das im Allgemeinen als ungerecht und fordern Gerechtigkeit. Gerechtigkeit und Gleichheit bzw. Ungerechtigkeit und Ungleichheit hängen gerade dann, wenn es um die Verteilung wertvoller gesellschaftlicher Güter wie Rechte und Freiheiten, Pflichten und Lasten, aber auch knapper gesellschaftlicher Güter wie Ämter, Posten, Chancen oder Einkommen geht, um die konkurriert wird, eng miteinander zusammen.

In diesem Bereich, d. h. im Bereich der Verteilungsgerechtigkeit, lässt sich auch die philosophische »Equality of What?«-Debatte verorten, die im Umfeld egalitaristischer Gerechtigkeitstheorien geführt wird und mit der sich Amartya Sen in seiner berühmten Vorlesung kritisch auseinandersetzt. In ihr geht es um die Frage, *welche Gleichheit* bzw. *im Hinblick auf was* genau Gleichheit zwischen den Menschen in einer gerechten, demokratischen Gesellschaft herrschen oder angestrebt werden sollte – und auch im Hinblick auf was nicht. Sen setzt sich in seinem Aufsatz aus philosophisch-ökonomischer Sicht kritisch mit den Gleichheitspositionen im klassischen Utilitarismus und Welfarismus und in der Rawls'schen Gerechtigkeitstheorie auseinander, bevor er seinen eigenen alternativen Ansatz skizziert.

Im Folgenden soll Sens Vorlesung in den Kontext der Diskussion seiner Zeit eingebettet und auch nach der späteren Bedeutung und Wirkung seines Textes gefragt werden. Nach einigen kurzen biografischen Angaben zum Autor werden in einem zweiten Schritt einige Hinweise zum Entstehungs- und Diskussionshintergrund seiner Vorlesung und zu den von ihm erörterten Positionen (Utilitarismus, Welfarismus, Rawls'sche Vertragstheorie) wie auch zur Theorie der Sozialwahl gegeben, die für sein eigenes Denken zentral waren und sind. Ein besonderer Fokus wird dabei auf die Darstellung von Rawls' Gleichheitsansatz, der aus Sens Sicht auf Grundgüter aufbaut, gerichtet. Denn Rawls' Ansatz und die geäußerte Kritik an diesem erscheinen neben Sens eigenem Fähigkeitenansatz[1] für die Debatte, die nach seiner Vorlesung einsetzte, sehr wichtig. In einem dritten Schritt soll kurz auf Sens eigenen, in diesem Aufsatz erstmals in die Diskussion eingeführten Fähigkeitenansatz eingegangen werden. Abschließend soll sein Beitrag zur nachfolgenden philosophischen und sozialwissenschaftlichen Debatte kurz beleuchtet werden.[2]

Zum Autor

Als Amartya Sen (* 3. 11. 1933) am 22. Mai 1979 seine Vorlesung »Equality of What?« in der Reihe der renommierten *Tanner Lectures on Human Values* an der amerikanischen Universität von Stanford hielt[3], war er nach Wirtschaftsprofessuren an der neugegründeten Jadavpur Universität in Kalkutta (1956–1958), der Delhi School of Economics (1963–1971) und der London School of Economics (1971–1977) mit nur 45 Jahren bereits seit zwei Jahren Professor für Ökonomie an der renommierten Universität von Oxford (1977–1980). Der indische Wirtschaftswissenschaftler hatte schon damals internationale Anerkennung und Bekanntheit besonders für seine Arbeiten zur Sozialwahltheorie[4] (*Social Choice*-Theorie) erlangt. Darüber hinaus hatte er zu diesem Zeitpunkt u. a. bereits zu Wohlfahrtsökonomik, ökonomischen Messungen, ökonomischer Ungleichheit, ökonomischer Entwicklung, Rationalität ökonomischen Verhaltens sowie zu Armut und Hunger publiziert.[5]

Sen hatte Wirtschaftswissenschaften in Kalkutta und sodann in Cambridge studiert, wo er im Jahr 1959 auch seinen Doktortitel erwarb. Schon früh zeigte er ein Interesse an gesellschaftlichen Fragen bzw. an Fragen, die sich um die Bedürfnisse von Menschen, um ökonomische Ungleichheit, um Armut und Hunger und körperliche und soziale Benachteiligungen drehten. In seiner Kindheit und Jugend hatte er in den 1940er Jahren die zunehmenden gesellschaftlichen Spannungen und die aufkommende Gewalt zwischen Hindus und Muslimen in seiner Heimat Indien beobachtet sowie die existentiellen Nöte und die ökonomische Unfreiheit insbesondere der ärmsten Bevölkerungsgruppen erlebt, die sich der Gewalt am wenigsten entziehen konnten.[6] Er bekam als Kind mit, dass während der großen Hungersnot im damals noch britisch-indischen Bengalen im Jahr 1943 Millionen Menschen mit niedrigsten Einkommen verhungerten. Aus Sens Sicht wäre diese Hungerkatastrophe vermeidbar gewesen, wurde sie doch u. a. durch eine fehlende Demokratie und damit einhergehend mangelhafte, öffentliche Informationen und Diskussionen aufgrund einer fehlenden freien und unabhängigen Presse mitverursacht.[7]

Obwohl Sen Wirtschaftswissenschaften studiert hatte, wiesen viele Fragestellungen, die ihn interessierten, Schnittmengen mit philosophischen Themen auf. Für ihn war es entsprechend ein Glücksfall, dass er mit seiner Doktorarbeit ein vierjähriges Stipendium als Wissenschaftler in Cambridge gewann. Dies ermöglichte ihm, seinen ebenfalls vorhandenen philosophischen Interessen frei nachzugehen und zusätzlich Philosophie – neben Erkenntnistheorie und Logik besonders Ethik und Politische Philosophie – zu studieren. Es fiel ihm leicht, philosophische und ökonomische Gedanken miteinander zu verknüpfen. Rasch beteiligte er sich auch an philosophischen Debatten, publizierte zu ethischen Themen und tauschte sich im Lauf der kommenden Jahrzehnte mit den wichtigen Philosophen seiner Zeit aus – unter ihnen Bernard Williams, John Rawls, Isaiah Berlin, Martha Nussbaum, Ronald Dworkin, Derek Parfit, Thomas Scanlon und Robert Nozick. Ab 1980 wechselte Sen in Oxford auf den Lehrstuhl für Politische Ökonomie und 1987 auf eine Professur für Ökonomie und Philosophie an der Harvard University[8]. Dort lehrt er – abgesehen von einer fünfjährigen Unterbrechung, in der er von 1998 bis 2003 als Rektor des Trinity College an der Universität von Cambridge tätig war – noch heute.

Im Lauf seiner wissenschaftlichen Karriere hat Amartya Sen viele wichtige Aufsätze und Bücher publiziert[9] und zahlreiche Preise und Ehrungen erhalten, darunter im Jahr 1998 den Nobelpreis für Wirtschaftswissenschaften für seine Beiträge zur Wohlfahrtsökonomik und im Jahr 2020 den Friedenspreis des Deutschen Buchhandels. Während er unter Ökonomen u. a. für seine Arbeiten in diesen Bereichen be-

kannt wurde, wird er unter Philosophen und Sozial-
wissenschaftlern besonders für seinen Fähigkeitenansatz, aber auch für seine Beiträge zur Armuts- und
Entwicklungsforschung, zu Freiheit, Gleichheit, Gerechtigkeit und Identität wahrgenommen.

Zum Entstehungs- und Diskussionskontext von Sens Vorlesung

Utilitarismus und Gleichheit

Als Sen in Cambridge studierte und später in London
und dann in Oxford lehrte, war der Utilitarismus noch
die bei Weitem einflussreichste Theorie in der angelsächsischen Moralphilosophie, auch wenn ab Ende der
1950er Jahre eine Wiederbelebung der aristotelischen
Tugendethik einsetzte, die besonders prominent in
Cambridge von Elizabeth Anscombe forciert und in
den folgenden Jahrzehnten durch namhafte Vertreter dieses Ansatzes (u. a. Alasdair MacIntyre, Philippa
Foot, Martha Nussbaum und Rosalind Hursthouse)
bedeutsamer wurde und heute mit zu den wichtigsten
Ethikansätzen zählt.

Im klassischen Utilitarismus eines Jeremy Bentham
(1748–1932) oder John Stuart Mill (1806–1873) gilt eine
Handlung dann als moralisch richtig, wenn ihre Folgen
im Vergleich zu allen anderen alternativen Handlungsmöglichkeiten das größtmögliche Wohl oder Glück
der größtmöglichen Menge an Personen hervorbringt.

Das, was als höchstes Gut maximiert werden soll, kann variieren. So geht es in moderneren Varianten des Utilitarismus z. B. häufig um Präferenz- oder Wunscherfüllung statt um Glück. Gemessen wird der Nutzen einer Handlung anhand des subjektiv erlebten Nutzens der Personen, die von der Handlung betroffen sind. Für jede betroffene Person muss in einem ersten Schritt gemessen werden, wie hoch für sie der Nutzen ist, der sich aus dem positiven Nutzen, abzüglich des mit der Handlung verbundenen negativen Nutzens ergibt. Die individuelle Nutzensumme muss dann zusammen mit den Nutzensummen aller anderen Betroffenen zu einer Gesamtnutzensumme oder Nutzenbilanz aufsummiert werden. Wird das für jede mögliche Handlungsalternative unternommen, lässt sich, so die Vorstellung, berechnen, welche der möglichen Handlungen auf die höchste Gesamtnutzensumme kommt und damit die optimale Handlung ausmacht, die zugleich als moralisch richtig gewertet wird.

Bei der klassischen utilitaristischen Berechnung des allgemeinen Nutzens zählt das Wohl jedes Einzelnen genauso viel wie das jedes Anderen (Benthams Diktum lautete: ›everybody to count for one, nobody for more than one‹): Dies wird häufig als das Gleichheitsprinzip des Utilitarismus betrachtet. Was allerdings bei dieser Vorgehensweise nicht berücksichtigt wird, ist die reale Verteilung des Nutzens zwischen den von der Handlung betroffenen Personen in der Gesellschaft. Dieser könnte im ungünstigsten Fall sehr ungleich verteilt sein, wie Sen kritisiert (s. S. 17 f.).

Das berührt nicht zuletzt Fragen der Verteilungsgerechtigkeit: Es ließen sich z. B. Fälle denken, in denen die Verluste oder das Leid einiger Weniger durch die großen Nutzengewinne der Mehrheit aufgewogen werden und so als moralisch richtig bewertet werden müssen. Diese Kritik hatte bereits Rawls in seiner *Theory of Justice* (*Theorie der Gerechtigkeit*) geäußert.[10] Ein beliebtes Beispiel dafür wäre die Versklavung einer Minderheit in der Gesellschaft zur Maximierung des Nutzens für die große Mehrheit bzw. für die Gesamtgesellschaft, die von der Arbeit der Wenigen profitiert.

Auch die Fähigkeiten, bestimmte Nutzen zu erzielen, sind unter den Menschen aufgrund ihrer Verschiedenheit in der Regel ungleich verteilt: Ein missmutiger Mensch zieht vielleicht weniger positiven Nutzen aus einer Handlung als ein »enthusiastischer Strahlemann«, oder, wie Sen es formuliert: »John mag leicht zufriedenzustellen sein, Jeremy hingegen nicht (s. S. 17).«

Die Kritik am klassischen Utilitarismus hat in den vergangenen Jahrzehnten zu einer großen Anzahl an modernen utilitaristischen Spielarten geführt.[11] In der Politischen Philosophie verlor der Utilitarismus hingegen ab den 1970er Jahren, nach der Veröffentlichung von John Rawls' *Theorie der Gerechtigkeit* (s. u.), in der er den Utilitarismus scharf kritisierte, vor allem zugunsten von Vertragstheorien deutlich an Boden.

In den Wirtschaftswissenschaften wiederum war der klassische Utilitarismus der älteren Wohlfahrtsökonomik (vertreten im Anschluss an Bentham etwa durch Edgeworth, Marshall, Pigou und Lerner) in den 1940er und 1950er Jahren einer neuen Wohlfahrtsökonomie gewichen, die auf die kardinalen, interpersonellen Nutzenvergleiche des klassischen Utilitarismus verzichtete (Vertreter dieser Richtung waren etwa Hicks, Kaldor oder Scitovsky).[12] Der Grund hierfür lag darin, dass die berechenbare Vergleichbarkeit von subjektiven Nutzen bzw. Glück zwischen zwei oder mehr Personen nicht mehr für möglich gehalten wurde.[13]

Diese neue Wohlfahrtsökonomik, die Sen als »Welfarismus« bezeichnet, beschränkte sich auf ordinale Nutzenmessungen in Bezug auf Einzelpersonen.[14] Gepaart mit einer einseitigen Orientierung an Pareto-Optimalität – die darin besteht, dass ein Zustand sich nicht mehr weiter dahingehend optimieren lässt, dass eine Person besser, ohne dass gleichzeitig eine andere Person schlechter gestellt wird –, war die moderne Wohlfahrtsökonomik aus Sens Sicht wenig geeignet, um gesellschaftliche Bewertungen, z. B. in Bezug auf Probleme der Ungleichheit, vorzunehmen: »Wenn die Massen der Armen nicht besser gestellt werden können, ohne den Überfluss der Reichen zu beschneiden, dann wäre die Situation trotz der Disparität zwischen reich und arm pareto-optimal.«[15]

Im Zuge seiner Auseinandersetzung mit dem Welfarismus kritisiert Sen in seiner Vorlesung auch das Leximin-Kriterium, das aufgrund der ordinalen Messung seiner Ansicht nach die Größe der potentiellen Nutzengewinne und -verluste völlig unberücksichtigt lässt und zudem die Anzahl der Personen ausblendet, deren Interessen zugunsten der am schlechtesten gestellten Personen in der Gesellschaft übergangen werden (s. S. 25 ff.). Ein weiterer Punkt, den Sen kritisiert, ist die einseitige Konzentration des Welfarismus auf den Nutzen, die ihn zu einer »extremistischen Position« macht. Demgegenüber plädiert er für eine deutliche Ausweitung der Informationsbasis durch andere, nicht direkt auf den subjektiven Nutzen bezogene Informationen wie z. B. Dringlichkeit oder Freiheit, um das Wohlergehen von Personen angemessen beurteilen zu können (s. S. 35 f.).

Einen Ausweg aus dieser Sackgasse, in die die Wohlfahrtsökonomik mit dem Welfarismus aus Sens Sicht geraten war, eröffnete ihm die Arbeit von Kenneth Arrow (1921–2017). Arrow belebte 1951 mit der Publikation seiner Doktorarbeit *Social Choice and Individual Values* das Interesse an der Sozialwahl- bzw. *Social Choice*-Theorie völlig neu. Wichtige Vorbereiter im Hinblick auf diese Theorie waren bereits im ausgehenden 18. Jahrhundert der Philosoph und Mathematiker Marquis de Condorcet und der Mathematiker Jean-Charles de Borda. Die *Social Choice*-Theorie befasst sich mit dem Thema kollektiver Entscheidungen auf der Grundlage von z. B. individuellen

Präferenzen, Urteilen, Abstimmungen oder Wohlergehen. Arrow formulierte mehrere Minimalbedingungen, die kollektive Entscheidungsverfahren erfüllen müssen, um als vernünftig bzw. akzeptabel gelten zu können. Einzeln für sich genommen erschienen diese Bedingungen nicht besonders anspruchsvoll, doch Arrow zeigte, dass es kein rationales und demokratisches Verfahren gesellschaftlicher Beurteilung geben kann, bei dem alle aufgestellten Bedingungen gleichzeitig erfüllt werden können. Dieses Ergebnis ging als »Arrows Unmöglichkeitstheorem« in die Literatur ein. Doch Sen und andere Wissenschaftler zeigten in den 1960er und 1970er Jahren Wege auf, wie sich diese Unmöglichkeit durch die Einführung bestimmter Bedingungen, durch die Modifikation oder zumindest teilweise Aufhebung bestehender Bedingungen und durch die Einbeziehung zusätzlicher Informationen, die über rein ordinale Nutzeninformationen hinausgehen, überwinden lässt. In der Folgezeit verwendete Sen die *Social Choice*-Theorie auch, um mit ihrer Hilfe verschiedene praktische Probleme wie etwa die Bewertung von Armut und Ungleichheit, die Analyse der Verletzung persönlicher Grundrechte und Freiheiten oder das Thema der sozialen Gerechtigkeit anzugehen.

Der neben dem Ökonom Kenneth Arrow für Sens Denken wohl wichtigste Autor war der Philosoph John Rawls (1921–2002). Mit seinem Werk *A Theory of Justice* (dt.: *Eine Theorie der Gerechtigkeit*) läutete Rawls 1971 eine neue Ära in der Politischen Philosophie ein. Dominierten vor Rawls im angelsächsischen Bereich utilitaristische Ansätze, knüpfte Rawls demgegenüber an die alte vertragstheoretische Tradition von Locke, Rousseau und Kant an und legte einen Vorschlag für eine politische Gerechtigkeitskonzeption für eine liberale, demokratische Gesellschaft vor. Rawls' Werk gilt zu Recht als das einflussreichste Werk in der Politischen Philosophie des 20. Jahrhunderts, das weit über seine Fachgrenzen hinaus Beachtung fand. Wer sich wie Sen für Fragen der gesellschaftlichen Verteilungsgerechtigkeit und (Un-)Gleichheit interessierte, musste sich notwendig mit Rawls' Position auseinandersetzen.

Rawls ging in seiner *Theorie der Gerechtigkeit* der Frage nach, wie die Institutionen und allgemein die Grundstruktur einer liberalen, demokratischen Gesellschaft aufgebaut und wie die Nutzen oder gesellschaftlichen Güter und die Lasten verteilt sein müssten, um von allen ihren Mitgliedern als gerecht anerkannt zu werden. Ausgangspunkt von Rawls' Überlegungen war zunächst die idealisierte Vorstellung, dass die Gesellschaft ein mehr oder minder selbstgenügsames, in sich abgeschlossenes »Gemein-

schaftsunternehmen zum wechselseitigen Vorteil«
ihrer Mitglieder ist.[16] Diese Gesellschaft sollte nicht
nur zum Ziel haben, das Wohl ihrer Mitglieder zu be-
fördern, sondern sie sollte auch von einer gemeinsamen, von allen Mitgliedern geteilten Gerechtigkeits-
vorstellung getragen werden. Diese würde auch die
Effizienz, Koordination und Stabilität einer derart
»wohlgeordneten« Gesellschaft positiv beeinflussen.

Um nun herauszufinden, auf welche gemeinsamen
Gerechtigkeitsprinzipien für die Grundstruktur der
Gesellschaft sich die Mitglieder der Gesellschaft einigen würden, konstruierte Rawls – ganz im Geiste der
Tradition des Gesellschaftsvertrags – eine hypotheti-
sche Ausgangsposition (»original position«, üblicher-
weise mit »Urzustand« übersetzt), in der die gleichen
und freien, unabhängigen Teilnehmer an der gesellschaftlichen Kooperation sich für gemeinsame Gerechtigkeitsprinzipien entscheiden sollen.

An diesen Urzustand wird eine Reihe weiterer
Bedingungen geknüpft: Die Teilnehmer verfolgen
strategisch rational einzig ihre eigenen Interessen; sie
hegen weder positive noch negative soziale Gefühle
gegenüber den anderen Kooperationsteilnehmern.
Sie verfügen über einen Gerechtigkeitssinn und halten sich, wie die anderen Teilnehmer, an beschlossene
Regeln. Und sie treffen ihre Entscheidungen hinter
einem »Schleier des Nichtwissens«. Das heißt bei
Rawls: Sie kennen z. B. nicht ihre Herkunft, ihren
spezifischen (z. B. risikoscheuen oder -freudigen)
Charakter oder ihre künftige soziale Stellung in der

Gesellschaft, sie kennen nicht ihre wirtschaftliche Situation, sie wissen nicht, welche Vorstellungen vom Guten und welche Lebenspläne sie besitzen und über welche körperlichen und geistigen Fähigkeiten sie verfügen. All das soll sicherstellen, dass niemand in dieser gleichen und fairen Ausgangslage Entscheidungen zugunsten einer Gerechtigkeitskonzeption trifft, die nur der eigenen, z. B. glücklichen oder privilegierten Stellung geschuldet (und damit letztlich ungerecht) sind. Rawls nennt seine Konzeption daher »Justice as Fairness«.

Bei der Wahl der grundlegenden Gerechtigkeitsprinzipien ist es für die Personen im Urzustand aus Rawls' Sicht rational, das Maximin-Entscheidungskriterium anzuwenden. Denn die Kooperationsteilnehmer entscheiden sich aus Rawls' Sicht im Hinblick auf mögliche Gerechtigkeitsprinzipien für diejenige Alternative, deren schlechtestes Ergebnis immer noch besser ist als die schlechtesten Ergebnisse der anderen Alternativen.[17] Mit anderen Worten: Da sie nicht wissen, wo genau sie später in der Gesellschaft stehen werden, werden sie kein Risiko eingehen wollen, in einer besonders benachteiligten Position zu landen. Und obwohl keine der teilnehmenden Personen weiß, welche genauen Interessen sie im wahren Leben verfolgen wird, weiß aus Rawls' Sicht jeder, dass es bestimmte Güter gibt, »wovon er lieber mehr als weniger haben möchte«,[18] weil diese Güter ein bezogen auf die verschiedensten Ziele erfolgreicheres Leben versprechen. Zu diesen »gesellschaftlichen

Grundgütern« zählt Rawls Rechte, Freiheiten, Chancen, Einkommen und Vermögen sowie das Selbstwertgefühl bzw. die sozialen Grundlagen der Selbstachtung.[19]

Er argumentiert nun dafür, dass die Teilnehmer hinter dem Schleier des Nichtwissens keine utilitaristischen, nutzenmaximierenden Gerechtigkeitsprinzipien, und auch keine anderen klassischen oder neuen Gerechtigkeitsansätze, sondern die folgenden zwei Gerechtigkeitsprinzipien bzw. -grundsätze wählen würden: Jede Person soll »ein gleiches Recht auf das umfangreichste Gesamtsystem[20] gleicher Grundfreiheiten« haben, »das für alle möglich ist« (Freiheitsprinzip). Zweitens sollen soziale und wirtschaftliche Ungleichheiten so gestaltet werden, dass sie »[...] den am wenigsten Begünstigten den größtmöglichen Vorteil bringen« (Differenzprinzip), und »mit Ämtern und Positionen verbunden sind, die allen gemäß fairer Chancengleichheit offenstehen« (Prinzip der Chancengleichheit).[21]

Nach Rawls' Auffassung ist der erste Gerechtigkeitsgrundsatz dem zweiten lexikalisch vorgeordnet und besitzt ihm gegenüber einen absoluten Vorrang. Abwägungen zwischen erstem und zweitem Grundsatz sind nicht möglich – z. B. darf die Freiheit nicht auf Kosten eines größeren Vermögens eingeschränkt werden.

Sen hat Rawls' Vertragstheorie an verschiedenen Orten stark kritisiert, zuletzt in sehr umfangreicher Form in seinem Buch *The Idea of Justice* (dt.: *Die Idee der Gerechtigkeit*). In der vorliegenden Vorlesung konzentriert sich Sen auf die zentrale Schwäche, die die Rawls'sche Verengung der Gleichheit auf die gesellschaftlichen Grundgüter aus seiner Sicht mit sich bringt. Als Beispiel dient ihm ein Invalide, der durch seine körperlichen Einschränkungen Nutzennachteile erfährt.[22] Diese spielen aus Sens Sicht im Rahmen des Differenzprinzips überhaupt keine Rolle, denn wenn sich die Gleichheit oder Angleichung zwischen den Bürgern nur auf gesellschaftliche Grundgüter wie u. a. Einkommen oder Vermögen bezieht, bleibt die Frage ausgeklammert, was die einzelne Person – in diesem Fall der Invalide – mit diesen Gütern, einmal verteilt, denn genau anfangen kann. Hier beginnt das entscheidende Problem, denn der Invalide wird, im Gegensatz zum Gesunden, aufgrund seiner körperlichen Einschränkungen gezwungen sein, einen Teil seines Einkommens und Vermögens für seine besonderen Bedürfnisse aufzuwenden. So steht er am Ende »mit weniger da« als sein gesunder, nicht behinderter Nachbar. Dies wiederum wird vom Grundgüterindex, in den die verschiedenen Grundgüter in unterschiedlicher Gewichtung eingehen und anhand dessen die Messung der Gleichheit dann erfolgen soll, nicht erfasst, weil ein entsprechender Nachteil erst dann erkennbar wird, wenn sich die Frage stellt, was der Invalide, der über die gleichen Grundgüter verfügt wie ein Gesunder, mit diesen bewirken kann (nämlich: deutlich weniger).

Was hier in extremer Form für den Invaliden und

generell für Personen mit bestimmten Einschränkungen gilt, lässt sich in abgeschwächter Form nach Sens
Auffassung jedoch auf alle Menschen übertragen:
Aufgrund ihrer Unterschiedlichkeit und ihrer unter-
schiedlichen Lebenssituationen haben Menschen sehr
unterschiedliche Bedürfnisse, für deren Befriedigung
ein unterschiedliches Maß an Grundgütern wie Einkommen und Vermögen notwendig ist. Diese Unterschiede werden vom Differenzprinzip nicht berücksichtigt, so Sens Kritik.

Fähigkeiten und Gleichheit

Auf die besondere Bedeutung von Bedürfnissen im
Zusammenhang mit Ungleichheit hatte Sen bereits
früher hingewiesen. Mit Blick auf besonders verletzli-
che Gruppen stellte er beispielsweise schon in *Ökonomische Ungleichheit* fest, dass ein »auf Bedürfnissen
beruhendes System« gegenüber einem an Leistung
oder Verdienst orientierten System »wohl mehr Raum
für die komplexe Idee, die wir Menschlichkeit nennen«, böte.[23]
  Von den Bedürfnissen führt wiederum ein kurzer
Weg zu den Fähigkeiten, die Sen in seiner »Equality
of What?«-Vorlesung 1979 erstmals im Rahmen der
Gleichheitsdebatte in den Ring wirft.[24] So plädiert
Sen hier dafür, Bedürfnisse in Form von Grundfähigkeiten zu interpretieren. Unter den Grundfähigkeiten
einer Person versteht er zu diesem Zeitpunkt »die

Fähigkeit einer Person, bestimmte grundlegende Dinge zu tun« (s. S. 39). Dazu zählt er beispielsweise so basale und dringliche Dinge wie die Fähigkeiten oder Vermögen, sich fortzubewegen, sich ausreichend zu ernähren und mit Kleidung auszustatten und sich eine Unterkunft zu sichern.

Bestehen in diesen Bereichen deutliche Unterschiede zwischen den Personen, die miteinander verglichen werden sollen, und bleiben diese – wie aus Sens Sicht bei Rawls' Konzept der Grundgütergleichheit – unberücksichtigt, können sich im praktischen Leben große Ungleichheiten z. B. hinsichtlich der Handlungsmöglichkeiten zwischen den einzelnen Personen ergeben. Die Orientierung an der Gleichheit der Grundfähigkeiten setzt genau an diesen potentiellen Quellen von Ungleichheit bzw. Gleichheit an und führt daher aus Sens Sicht zu einem verlässlicheren Index, mit dem sich die individuellen Vorteile der Individuen besser interpersonell miteinander vergleichen lassen.

Gegenüber utilitaristischen Gleichheitsansätzen sieht Sen den Vorteil eines fähigkeitenbasierten Gleichheitsansatzes darin, dass ein interpersoneller Vergleich der Fähigkeiten grundsätzlich möglich erscheint, während im klassischen Utilitarismus durch die Fixierung auf die Maximierung der Gesamtnutzensumme in der Gesellschaft die tatsächliche Verteilung der Nutzen zwischen den Personen keine Rolle zu spielen droht, solange die Gesamtnutzensumme optimal erhöht wird. Auch die Schwächen, die mit einer Messung des subjektiven Nutzens der Personen im Utilitarismus und Welfarismus verbunden sind, entfallen, weil Grundfähigkeiten wie die Fähigkeit, sich ausreichend zu ernähren oder nicht vorzeitig zu sterben, offenbar nicht rein subjektiv bestimmt werden, auch wenn aus Sens Sicht die Anwendung der Gleichheit der Grundfähigkeiten gerade dann, wenn es um die Gewichtung der Fähigkeiten geht, kulturabhängig erfolgen muss (s. S. 41 f.).

Aus Sens Sicht droht auch keine vergleichbare Gefahr wie bei der Anwendung von Leximin, dass eine Person, die von außen betrachtet z. B. sehr elend und in bitterer Not lebt, dennoch nicht als schlechter gestellt erfasst wird als andere Personen. Bei Leximin könnte sie nämlich, wie Sen zeigt, auf den gleichen Gesamtnutzen kommen wie eine wirtschaftlich deutlich besser gestellte Person, z. B. weil sie sich mit ihrer Situation abgefunden und eine niedrige Erwartungshaltung hat oder weil sie z. B. einen »fröhlichen Charakter« besitzt und auf diese Weise insgesamt ihren Grenznutzennachteil ausgleicht (s. S. 39).

Wenngleich Sen mit seiner »Gleichheit der Grundfähigkeiten« die utilitaristischen, welfaristischen und Rawls'schen Gleichheitsansätze ablehnt, geht es ihm nicht darum, jegliche Nutzenerwägungen oder Verbindungen zu Grundgütern grundsätzlich auszuschließen. Seine Konzentration auf Grundfähigkeiten will er denn auch nur als »eine natürliche Erweiterung von Rawls' Interesse an Grundgütern« verstanden wissen, indem Grundgüter als das verstanden werden, was sie aus Sens Sicht sind: Nämlich gerade keine Selbstzwecke, sondern Mittel zum Zweck individueller und gesellschaftlicher Wohlfahrt. Dabei lassen sich mit ihnen eben je nach Person und Lebenssituation sehr unterschiedliche Wirkungen bzw. Vorteile erzielen. Im Hinblick auf Nutzen wiederum betont Sen selbst,

> »dass eine Ablehnung des Welfarismus uns nicht unbedingt so weit führen muss, dass wir dem Nutzen überhaupt keine Bedeutung mehr zuschreiben. Es dürfte nur schwerlich zu begründen sein, dass das Interesse einer Person nichts direkt mit ihrem Glück oder ihrer Wunscherfüllung zu tun hat« (s. S. 37).

Insgesamt spricht Sen sich also lediglich gegen eine *ausschließliche* Nutzenperspektive aus, wenn es um die Bestimmung von Wohlergehen geht. Denn für letztere ist entscheidend, welches Niveau an Grundfähigkeiten eine Person tatsächlich erreicht hat. Während Sen in seiner Vorlesung von 1979 seinen Fähigkeitenansatz erstmals grob umrissen hatte, arbeitete er ihn in den Folgejahren immer weiter aus.[25]

In den 1980er Jahren arbeitete er dabei auch eng mit der amerikanischen Philosophin Martha Nussbaum (* 1947) zusammen, die in der Folge auch einen eigenen, an die aristotelische Tradition anknüpfenden Fähigkeitenansatz entwickelte.[26] Sen unterscheidet in seinen späteren Arbeiten zwischen Fähigkeiten und

Funktionsweisen. Während er unter Fähigkeit allgemein die tatsächlich zur Verfügung stehende und realisierbare Fähigkeit von Menschen versteht, die Dinge zu tun, die sie begründet schätzen bzw. das Leben zu führen, das sie aus guten Gründen wertschätzen,[27] bezeichnen die »Funktionsweisen« (*functionings*) tatsächlich realisierte »Tätigkeiten und Seinsweisen« (*beings and doings*) eines Menschen bzw. das, was eine Person tatsächlich ist und tut – z. B. dass sie ausreichend ernährt oder vermögend oder alleinstehend oder gebildet ist, hungert, eigenen Hobbys nachgeht, am kulturellen Leben der Gemeinschaft teilnimmt oder nicht vorzeitig stirbt: Die Bandbreite an menschlichen Funktionsweisen und Fähigkeiten ist hier nahezu unbegrenzt.

Das, was Sen in seiner ursprünglichen Skizze von 1979 als »Grundfähigkeiten« bezeichnete, stellt nun einen Teil der allgemeinen, umfangreicheren Fähigkeiten dar und kennzeichnet die Fähigkeiten, »bestimmte elementare und entscheidende Funktionsweisen bis zu einem bestimmten Niveau zu erfüllen«.[28] Dabei geht es um grundlegende Handlungsmöglichkeiten bzw. -chancen, das eigene Überleben zu sichern und nicht unter Armut, Existenznot oder z. B. Hunger zu leiden bzw. ein Mindestmaß an Wohlergehen zu erreichen. Solche Grundfähigkeiten und damit zusammenhängende Funktionsweisen sind daher z. B. bei Armutsuntersuchungen interessant. Für andere Vergleiche der Gleichheit oder Ungleichheit zwischen Menschen in Bezug auf

Lebensqualität, Entwicklungsstand oder Wohlergehen kommt wiederum, je nach untersuchter Gruppe, Gesellschaft oder Gesellschaften, die Untersuchung anderer Fähigkeiten und Funktionsweisen in
Betracht. Sen betont in diesem Zusammenhang immer wieder die Abhängigkeit der Auswahl der Fähigkeiten und Funktionsweisen und deren Gewichtung
von der jeweiligen Gesellschaft und deren Kultur,
denn die Wertschätzung bestimmter Zustände oder
Seinsweisen, Tätigkeiten und Fähigkeiten variiert
nicht nur von Mensch zu Mensch, sondern kann sich
auch noch einmal von Kultur zu Kultur deutlich unterscheiden.

Die Unterscheidung von Fähigkeiten und Funktionsweisen erscheint ihm u. a. deshalb wichtig, weil
auch bei gleicher Realisierung einer Funktionsweise
eine Person gegenüber einer anderen massiv benach-
teiligt sein kann. Fastet z. B. eine Person aus politischen oder religiösen Gründen freiwillig (= Funktionsweise), während eine andere aus Not gezwungen
ist zu hungern (= Funktionsweise), so ist die erstere
Person gegenüber der zweiten trotz gleicher Mangel-
ernährung deutlich im Vorteil. Dies zeigt sich an ihrer größeren Fähigkeit bzw. ihrem deutlich größeren
Möglichkeitsspielraum:[29] Sie könnte im Unterschied
zur anderen Person ihren Zustand jederzeit been-
den. An diesem Beispiel wird auch deutlich, wie eng
der Begriff der Fähigkeiten mit dem der Freiheit ver-
knüpft ist, der für Sen ins Zentrum seiner späteren
Arbeiten rückt. So orientiert sich die Idee der Fähig-

keit »an Freiheit und Möglichkeiten bzw. Chancen, d. h. an der tatsächlichen Fähigkeit von Menschen, sich für unterschiedliche, ihnen offenstehende Lebensweisen zu entscheiden«.[30] Je größer der real verfügbare Möglichkeitsspielraum einer Person ist, je freier sie in der tatsächlichen Wahl der Dinge ist, die sie wertschätzt, desto größer ist demnach ihr individueller Vorteil hinsichtlich von Lebensqualität bzw. Wohlergehen.

Zur Wirkung von Sens Aufsatz

Sens »Equality of What?«-Vorlesung zählt zweifellos zu den zentralen Aufsätzen des Ökonomen und Philosophen und hat in der Vergangenheit eine beachtliche Aufmerksamkeit erfahren. Dies dürfte zum einen an Sens klarer, scharf formulierter Kritik am utilitaristischen, welfaristischen und vor allem am Rawls'schen Gleichheitsansatz liegen, auf die in der Literatur häufig Bezug genommen wird. Zum anderen wird der von Sen in seinem Vortrag vorgestellte konstruktive Entwurf eines alternativen Gleichheitsansatzes allgemein als erste Formulierung und damit gewissermaßen als Initialzündung für den immer einflussreicher werdenden Fähigkeitenansatz wahrgenommen. Letzterer hat in den vergangenen Jahrzehnten in verschiedenen Fächern eine sehr breite Wirkung entfaltet. Die Literatur zum Fähigkeitenansatz und zum praktischen Einsatz von

Funktionsweisen und Fähigkeiten im Hinblick auf die Messung von Entwicklung, Wohlfahrt bzw. Wohlergehen oder auch Armut ist mittlerweile sehr umfangreich und erstreckt sich international über verschiedenste Fachgebiete. Unter anderem ist auch die Entwicklung des *Human Development Index* (Index der menschlichen Entwicklung), an dem Sen unter der Leitung Mahbub ul Haqs (1934–1998) mitarbeitete, im Zusammenhang mit Sens Arbeit zu Funktionsweisen und Fähigkeiten zu sehen. Der seit 1990 jährlich vom Entwicklungsprogramm der Vereinten Nationen (UNDP) im *Bericht über die menschliche Entwicklung* veröffentlichte Index soll anhand einer breiteren Informationsbasis (u. a. im Hinblick auf Bildung, Lebenserwartung bei der Geburt und Bruttoinlandsprodukt pro Kopf) einen verlässlicheren Indikator für die durchschnittliche Entwicklung der Staaten bieten als dies das Bruttoinlandsprodukt allein ermöglichen würde.

Sen hat mit seinem Ansatz freilich nicht nur Zustimmung, sondern auch Kritik geerntet. So wird bisweilen u. a. das Fehlen einer eindeutigen Festlegung hinsichtlich von Funktionsweisen und Fähigkeiten und deren Gewichtungen bemängelt. Außerdem wird von einigen auch eine klare Definition von Funktionsweisen und Fähigkeiten vermisst. Schließlich bezweifeln einige, dass sein Fähigkeitenansatz wirklich eine Alternative zu Rawls' Ansatz darstellt.[31] Doch bei aller geäußerter berechtigter oder unberechtigter Kritik lässt sich nicht bezweifeln, dass Sens – und auch

Nussbaums – Fähigkeitenansatz aus dem wissenschaftlichen Diskurs nicht nur zu Gleichheit und Ungleichheit und deren Messung, sondern auch zu Gerechtigkeit, Freiheit und Fragen der Lebensqualität, des Wohlbefindens bzw. des guten Lebens nicht mehr wegzudenken ist.

Anmerkungen zum Nachwort

1   Im Deutschen gibt es keine einheitliche Übersetzung für Sens »capability« bzw. »capabilities«. Einige übersetzen das Wort z. B. mit ›Fähigkeiten‹, andere mit ›Befähigungen‹, ›Vermögen‹, ›Entfaltungsmöglichkeiten‹ oder mit ›Verwirklichungschancen‹. Da sich »capability« ohne erkennbaren Sinnverlust mit ›Fähigkeit‹ (naheliegend wäre aber auch ›Vermögen‹) übersetzen lässt, zumal Sen »capability« und »ability« auch synonym zu verwenden scheint, wurde hier diese in vielen anderen Kontexten gängige Übersetzung gewählt.

2   Viele Aspekte können hier nicht ausführlicher besprochen werden. Für eine tiefergehende Einführung in sein philosophisches Denken vgl. Neuhäuser 2013; für eine ebenso kurze wie klare Überblicksdarstellung zu seinem ökonomischen Werk vgl. Gaertner 2009, S. 354–372.

3   Die Vorlesung wurde ein Jahr später erstmals publiziert in McMurrin 1980, S. 195–220. Er wurde u. a. wieder abgedr. in: Sen 1982, S. 353–369. Der hier übersetzte Text basiert auf dem Erstdruck.

4   Vgl. bes. Sen 1970; ein Sammelband mit wichtigen Aufsätzen Sens aus den 1960er und 1970er Jahren auf diesem Gebiet findet sich in Sen 1982.

5   Zur ökonomischen Ungleichheit vgl. Sen 1973 (dt.: Sen 2017),

Sen 1992; zur Entwicklungsökonomie vgl. Sen 1975; zur Armut vgl. Sen 1976.

6 Vgl. Sens autobiografischen Essay, den er für den (jährlich von der Sveriges Riksbank vergebenen) Alfred-Nobel-Gedächtnispreis für Wirtschaftswissenschaften 1998 verfasste und der auf der offiziellen Nobelpreis-Website abrufbar ist (s. Sen 1999).

7 Vgl. ebd., außerdem Sen 2009, S. 338 ff. (dt.: *Die Idee der Gerechtigkeit*, bes. Kap. 16: Die demokratische Praxis, S. 366 ff.).

8 Sen ist in Harvard Thomas W. Lamont Professor und Professor für Ökonomie und Philosophie.

9 Zu seinen Monografien zählen u. a. *Collective Choice and Social Welfare* (1970), *On Economic Inequality* (1973; dt.: *Ökonomische Ungleichheit*, 2009/2017), *Poverty and Famines: An Essay on Entitlement and Deprivation* (1981), *Commodities and Capabilities* (1985), *On Ethics and Economics* (1987), *Inequality Reexamined* (1992), *Development as Freedom* (1999; dt.: *Ökonomie für den Menschen. Wege zu Gerechtigkeit und Solidarität in der Marktwirtschaft*, München 2002), *The Idea of Justice* (2009; dt.: *Die Idee der Gerechtigkeit*, München 2010).

10 Rawls 2017, S. 44.

11 Für einen Überblick vgl. Schroth 2016.

12 Bei der kardinalen Nutzenmessung, wie sie im klassischen Utilitarismus üblich ist, können sowohl die absolute Größe als auch der Abstand zwischen den einzelnen zu vergleichenden Nutzen angegeben werden.

13 Vgl. Sen 2010, S. 305.

14 Bei der ordinalen Nutzenmessung zählt nur die Rangordnung der Nutzen (»besser«, »schlechter«), die einzelnen Nutzenwerte und deren Abstände in der Rangordnung können nicht angegeben werden.

15 Sen 2017, S. 25 (Orig.: Sen 1973, S. 5).

16 Rawls 1971, S. 4.

17 Rawls 2017, § 26, S. 178.

18 Ebd., § 15, S. 112.

19 Ebd., S. 112, S. 83.

20 Rawls ersetzt die Formulierung »das umfangreichste Ge-samtsystem« später zu »ein völlig adäquates System«, vgl. Rawls 1993, S. 406.

21 Rawls 2017, § 46, S. 336.

22 Im Englischen spricht Sen vom »cripple« was im Deutschen oft mit ›Krüppel‹ übersetzt wurde. Hier wird stattdessen der Begriff ›Invalide‹ verwendet, weil der Begriff ›Krüppel‹ heute abwertend verwendet wird, was hier von Sen nicht beabsichtigt wird.

23 Sen ²2017, S. 133.

24 Sen lehnt einen reinen Bedürfnisansatz ab. Ein wichtiger Grund liegt für ihn darin, dass die Art und Weise, wie die Bedürfnisse von Personen befriedigt werden, hier keine Rolle spielt. Im Gegensatz dazu betont der Fähigkeitenan-satz den aktiven Anteil der betroffenen Personen an der Ge-staltung ihres Lebens.

25 Weitergehende Darstellungen finden sich so in Sen 1985, Sen 1987, Sen 1992 und in besonders umfassender Form in Sen 1999 (dt.: Sen 2002).

26 Im Gegensatz zu Sen arbeitet Nussbaum mit einer festen, »objektiven« Liste von Grundfähigkeiten, zu denen sie u. a. die Fähigkeit zählt, sein Leben bis zum natürlichen Tod zu führen, seine Gesundheit zu erhalten, Bindungen zu ande-ren Menschen aufzubauen, unnötigen Schmerz zu vermei-den und Freude zu erleben, in Verbundenheit mit anderen Menschen und anderen Arten zu leben oder auch zu lachen und zu spielen; vgl. Nussbaum 1999, S. 49–59 und Nuss-baum 2014, S. 112 f.

27 Vgl. Sen 2010, S. 231 und *Ökonomie für den Menschen*, Mün-chen 1999, S. 29.

28 Sen 1992, S. 45, Anm. 19.
29 Vgl. Sen 2010, S. 237.
30 Ebd.
31 Vgl. dazu Robeyns 2011.

Literaturverzeichnis

Gaertner, Wulf: Amartya Sen. In: Heinz D. Kurz (Hrsg.): Klassiker des ökonomischen Denkens. Bd. 2: Von Vilfredo Pareto bis Amartya Sen. München 2009. S. 354–372.

Neuhäuser, Christian: Amartya Sen zur Einführung. Hamburg 2013.

Nussbaum, Martha: Gerechtigkeit oder Das gute Leben. Frankfurt a. M. 1999.

– Die Grenzen der Gerechtigkeit. Behinderung, Nationalität und Spezieszugehörigkeit Frankfurt a. M. 2014.

Rawls, John: A Theory of Justice. Cambridge 1971. (Dt.: Eine Theorie der Gerechtigkeit. Frankfurt a. M. ^{20}2017.)

– Politischer Liberalismus. Frankfurt a. M. 1993.

Robeyns, Ingrid: The Capability Approach. In: Stanford Encyclopedia of Philosophy. 14. 4. 2011: https://plato.stanford.edu/entries/capability-approach/ [Letzter Abruf: 18.6.2020].

Schroth, Jörg: Texte zum Utilitarismus. Stuttgart 2016. (Reclams Universal-Bibliothek. 19350.)

Sen, Amartya: Collective Choice and Social Welfare. San Francisco 1970.

– On Economic Inequality. Oxford 1973. (Dt.: Ökonomische Ungleichheit. Frankfurt a. M. / New York 1975. Marburg ^{2}2017.)

– Equality of What? In: Sterling McMurrin (Hrsg.): The Tanner Lectures on Human Values: Bd. I. Salt Lake City 1980. S. 195–220. (Wieder abgedr. in: Choice, Welfare and Measurement. Oxford 1982. S. 353–369.)

– Choice, Welfare and Measurement. Oxford 1982.

– Bibliographical. In: Les Prix Nobel. The Nobel Prizes 1998. Stockholm 1999. NobelPrize.org. Nobel Media AB 2019: https://www.nobelprize.org/prizes/economic-sciences/1998/sen/biographical/ [Letzter Abruf: 18. 6. 2020].

Sen, Amartya: The Idea of Justice. London [u. a.] 2010. (Erstmals: Cambridge 2009. Dt.: Die Idee der Gerechtigkeit.
München 2010.)

Bücher und Sammelbände
von Amartya Sen (Auswahl)

Collective Choice and Social Welfare. San Francisco 1970.

On Economic Inequality. Oxford 1973. (Dt.: Ökonomische Ungleichheit. Frankfurt a. M. / New York 1975. Marburg ²2017.)

Employment, Technology and Development. Oxford 1975. New York 1981.

Poverty and Famines. An Essay on Entitlement and Deprivation. Oxford 1981.

Choice, Welfare and Measurement. Oxford 1982.

Resources, Values and Development. Oxford 1984.

Commodities and Capabilities. Amsterdam 1985.

The Standard of Living. In: Geoffrey Hawthorne (Hrsg.): The Standard of Living. The Tanner Lectures. Cambridge 1987. S. 1–38.

On Ethics and Economics. Oxford 1987.

(Mit Jean Drèze) Hunger and Public Action. Oxford 1989.

Inequality Reexamined. Cambridge 1992.

The Quality of Life. (Hrsg. mit Martha Nussbaum.) Oxford 1993.

Development as Freedom. Oxford 1999. (Dt.: Ökonomie für den Menschen. Wege zu Gerechtigkeit und Solidarität in der Marktwirtschaft. München 2002.)

Rationality and Freedom. Cambridge 2002.

Identity and Violence. The Illusion of Destiny. New York / London 2006. (Dt.: Die Identitätsfalle. Warum es keinen Krieg der Kulturen gibt. München 2007.)

The Idea of Justice. London [u. a.] 2010. (Dt.: Die Idee der Gerechtigkeit. München 2010.)

mit Jean Drèze: An Uncertain Glory. India, and Its Contradictions. Princeton (NJ) 2013. (Dt.: Indien, ein Land und seine Widersprüche. München 2014.)

The Country of First Boys. And other Essays. Neu-Delhi/
   Oxford 2015.
Collective Choice and Social Welfare. Expanded Edition. Lon-
   don 2017.